ARRÊTS INÉDITS

DU

PARLEMENT DE TOULOUSE,

Recueillis et enrichis de Notes

PAR M. DE LAVIGUERIE,

PUBLIÉS, D'APRÈS SES MANUSCRITS,

Par M. Victor Fons, son Secrétaire,

AVEC DES ANNOTATIONS

PAR M. TAJAN, AVOCAT.

Tome Premier.

Deuxième Livraison.

IMPRIMERIE DE BELLEGARRIGUE, LIBRAIRE,
RUE DES FILATIERS, N.° 31.

1831.

M...y fils resta défaillant. L'arrêt, rendu contradictoirement avec le père, fut déclaré commun au fils, en adjugeant l'utilité du défaut. Ce dernier se pourvut, dans la huitaine, en retractement. L'arrêt susdaté le déclara non-recevable, d'après la déclaration de M. de Lacoste, qu'il n'entendait se prévaloir de l'arrêt contre M. de M...y fils qu'en sa qualité de donataire de M. de M...y père. L'arrêt fut déterminé par les principes indiqués ci-dessus.

3. Enfin, le troisième fut rendu le 20 décembre 1788, au rapport de M. de Vailhausy, en faveur des demoiselles Passelac, pour lesquelles avait instruit M. de Lacoste, contre le sieur Issaly.

EXPERT.

Article premier.

EXPERT. — Lésion. — Preuve.

Le ministère des experts n'est-il qu'un recours subsidiaire qu'on ne doit employer qu'à défaut de toute autre preuve? — Oui.

Spécialement, *lorsqu'en fait de lésion, les actes du procès établissent suffisamment la valeur de l'objet contesté, y a-t-il lieu de renvoyer à l'estimation des experts?* — Non.

« On convient qu'en général, dit Cochin (tom. 1, pag. 519, édit. in-4.° de 1757 (1)), quand on se plaint de la lésion d'outre-moitié du juste prix, et qu'on a de justes sujets de douter de ce

(1) Affaire de M. de Mascrany contre le prince de Carignan.

fait décisif, la règle commune est d'en venir à une estimation; mais ce n'est qu'une dernière ressource au défaut d'autres preuves; et jamais on ne précipite les parties dans les frais, dans les longueurs, dans les incertitudes même qui naissent de ces sortes d'estimation, lorsqu'on a, d'ailleurs, des guides sûrs que l'on peut suivre ».

Cochin fortifie son opinion par deux arrêts, qu'il rapporte, du parlement de Paris, des 10 mars 1725 et 8 juillet 1727. Ces arrêts rejetèrent la demande en vérification d'experts et les lettres en rescision, parce que les actes établissaient qu'il n'y avait pas de lésion.

C'est ce que jugea pareillement un arrêt de notre parlement, du 12 septembre 1704, rapporté au tom. 3, pag. 166, du *Journal du palais*.

Cette jurisprudence est conforme à l'opinion de Faber, *cod.*, lib. 4, tit. 30, déf. 33 : *cæterùm*, dit-il, *si alterutra pars intentionem suam sufficienter probaverit, nihil causæ est cur recurratur ad æstimationem, ne*, ajoute-t-il, dans sa note n.° 4, *scilicet supervacuâ probatione et supervacuò sumptu oneretur is qui suam intentionem plenè jam probavit.*

Ces principes sont fondés en raison. De toutes les preuves testimoniales, les estimations par experts sont celles qui présentent le plus de dangers et le plus d'incertitude, parce que l'opinion des experts, presque toujours arbitraire, est rarement déterminée par des faits constans, mais seulement par des probabilités ou des conjectures, toujours hasardées, et souvent fausses.

Les preuves écrites, au contraire, offrent un point fixe, et des résultats certains : c'est un témoignage muet; mais qui n'en est que plus respectable, parce qu'il n'est pas susceptible de corruption ou d'erreur.

Il ne faut donc pas s'étonner si la jurisprudence a constamment rejeté les demandes en estimation par experts, lorsque la valeur était connue par titres. Le ministère des experts n'étant qu'un recours subsidiaire, la raison dit assez que cette ressource ne doit être employée que lorsqu'il n'existe aucun autre moyen de connaître la valeur de l'objet contesté. « Les juges, dit Cochin, *loc. dict.*, doivent-ils se refuser à la discussion des titres et à tous les éclaircissemens qu'on leur présente, pour se reposer uniquement sur l'exactitude et la fidélité des experts ? si on leur rapporte des preuves claires de la valeur, ne doivent-ils pas en être touchés ? faut-il qu'ils rejettent l'évidence qui les frappe, pour se réduire aux sombres lumières qu'un rapport d'experts peut leur fournir ? Ce serait, assurément, un paradoxe injurieux à la magistrature ».

Le parlement de Toulouse a fait, encore, l'application de ces principes dans les arrêts suivans :

1. Les sieurs Jean Moulet, marchand de bois à Toulouse, et Gironis cadet, tuilier, attaquaient, par lésion du tiers au quart, un acte de partage passé entre les sieurs Gironis cadet et Gironis aîné. Un arrêt du parlement avait ordonné l'estimation ; et, par leur rapport, les experts avaient porté les objets échus au lot de Gironis aîné à une somme de 9220 liv. 12 s., et ceux échus au lot de Gironis cadet à celle de 4800 liv. 10 s. ; ce qui présentait, au

premier coup-d'œil, une lésion bien au-dessus du quart. Mais Gironis aîné vint avec la preuve écrite qu'il y avait erreur dans le rapport des experts, et que leur estimation était susceptible de retranchement. 31 juillet 1779, arrêt, rendu à la grand'-chambre, au rapport de M. de Bardy, qui débouta Gironis cadet et Moulet de leurs lettres en rescision.

2. Le comte de Marsan avait impétré, par lésion d'outre-moitié du juste prix, contre une vente qu'il avait consentie à l'abbé Guillon. Un premier rapport d'experts portait la lésion à un peu moins que le double du prix de la vente; un second rapport constatait la lésion d'outre-moitié. Il y eut une troisième expertise, et les experts furent partagés en avis. Un tiers-expert allait être nommé pour vider ce partage, lorsque l'abbé Guillon se présenta avec une foule d'actes qui établissaient qu'il n'était point intervenu de lésion dans la vente au préjudice du comte de Marsan; et la cour, préférant cette preuve à l'opinion conjecturale des experts, rendit, dans le mois de juillet 1782, au rapport de M. Rey de Saint-Géry, un arrêt définitif, qui relaxa l'abbé Guillon de toutes les demandes formées contre lui, et ordonna l'exécution du contrat de vente.

3..... 1787, arrêt conforme, au rapport de M. de Rabaudy, contre les religieux de la Mercy de Montpellier.

Ces religieux attaquaient un bail à locatairie perpétuelle, par défaut de formalités, et pour cause de lésion. Mais il était évident qu'il n'y avait pas eu de lésion dans le bail au préjudice de la main-morte; et la cour, trouvant le fait suffisamment éclairci, débouta les religieux de la Mercy de leur demande en estimation par experts.

4..... juin 1789, pareil arrêt, au rapport de M. de Miégeville, en faveur du sieur de Perron contre le sieur de Labassère.

Dans l'espèce de cet arrêt, le sieur de Labassère attaquait la vente d'un fonds dotal, par nullité et par lésion du tiers au quart, même d'outre-moitié, si on le jugeait nécessaire. Il demandait, à cet effet, subsidiairement, une estimation par experts. Le sieur de Perron lui opposait des actes justificatifs du défaut absolu de lésion; et cette preuve ayant prévalu, le sieur de Labassère fut débouté définitivement de ses lettres en rescision, sans égard à l'estimation qu'il avait demandée.

Toutes ces notes sont extraites d'une consultation que je délibérai avec MM. Jamme et Romiguières père.

ANNOTATIONS.

Les auteurs du *nouveau Denisart*, v.° *Estimation*, posent la même règle : « lorsque la valeur d'un objet, disent-ils, est constatée par des titres, l'estimation n'en doit pas être ordonnée ».

Telle paraît être, aussi, l'opinion de Delaporte, *Pandectes françaises*, tom. 13, pag. 108 : « il ne faut pas croire, dit-il, » que le rapport d'experts soit la seule preuve que l'on puisse » admettre de la lésion, quoique la rédaction de l'art. 1678 du » code civil semble présenter ce sens. On voit, au contraire, » par le procès-verbal, que les actes écrits, comme les baux » authentiques, fourniront toujours la preuve la plus sûre, la » moins sujette à inconvéniens; et que, même, la conscience des » juges ne sera point liée par l'avis des experts ».

M. de Maleville rend compte de la discussion à laquelle donna lieu la rédaction de l'art. 1677 du code civil; il s'exprime ainsi: « on objecta qu'il fallait toujours un jugement pour admettre la » preuve, et que l'article était inutile. On répondit qu'il était

» destiné à avertir le juge qu'il ne devait ordonner l'estimation » que lorsqu'il y avait déjà quelque présomption que le vendeur » avait été lésé, et en connaissance de cause, c'est-à-dire, que » les juges peuvent, sans employer le ministère d'experts, rejeter » l'action rescisoire, si elle leur paraît destituée de fondement, » d'après les circonstances de la cause.

» Mais peuvent-ils, de même, admettre l'action, et rescinder le » contrat, sans opération préalable d'experts? Si, par exemple, » un bien était vendu, six mois après avoir été estimé, plus de » sept douzièmes au-dessus dans un partage? L'affirmative fut » soutenue, adoptée, même, par le conseil, et la rédaction ren- » voyée à la section; cependant elle ne fut pas rappelée à la » seconde lecture.

» *Quid juris?* Je crois que notre article ne défendant pas » aux juges de prononcer ainsi, et présentant une grande méfiance » des opérations d'experts, un jugement qui, d'après les actes, » rejeterait la demande, ne devrait pas être cassé ».

Cette opinion de M. Maleville a été consacrée par un arrêt de la cour de cassation, du 7 décembre 1819 : M. Sirey, 1820-1-163.

M. Carré, dans son *Analise*, quest. 1033, et M. Crivelli, dans ses *Notes sur la Procédure civile* de Pigeau, tom. 1, pag. 367 et 368, soutiennent que, par la même raison que les juges ne sont pas astreints à suivre l'avis des experts, lorsque leur conviction s'y oppose, ils peuvent, aussi, refuser d'ordonner l'expertise qui leur est demandée par l'une des parties, lorsqu'ils croient avoir des connaissances suffisantes sur ce qui en ferait l'objet. Cependant, ajoutent ces auteurs, les juges sont toujours tenus d'employer cette voie d'instruction en matière de lésion (art. 1678, cod. civ.), et dans les causes qui intéressent la régie de l'enregistrement. M. Rolland de Villargues, dans son *Répertoire de la Jurisprudence du notariat*, v.° *Expert*, § 1, n.° 9, paraît professer la même opinion. Et, à l'appui de ce sentiment, il y a un arrêt de la cour de Turin, du 19 avril 1806 : M. Sirey, 6-609, qui a jugé qu'en matière de rescision la valeur de l'immeuble ne peut être établie par titres.

L'art. 323, cod. de proc., porte que les juges ne sont point astreints à suivre l'avis des experts, si leur conviction s'y oppose. Cette disposition, en consacrant l'ancienne maxime *dictum expertorum nunquàm transit in rem judicatam*, trace bien la limite qui doit séparer le pouvoir du juge de celui des experts : ceux-ci, simples conseils, simples donneurs d'avis; ceux-là, investis du droit d'apprécier ces avis, d'y puiser les renseignemens utiles qu'ils peuvent contenir, de les juger, en un mot, d'après leurs lumières et leur conscience ; mais sans abdiquer jamais leurs nobles et importantes attributions.

D'après cela, dit M. Dalloz, *Jurisprudence générale*, v.° *Expertise*, nous ne saurions admettre l'avis de M. Carré, pag. 763, note 1.re, suivant lequel les juges seraient liés par l'expertise qu'ils auraient ordonnée dans le cas de l'art. 1678, afin d'obtenir la preuve de la lésion dans une vente. Il importe peu que l'expertise soit le seul mode auquel les tribunaux peuvent recourir : cette exclusion des autres genres de preuve ne doit point avoir pour effet d'affaiblir la garantie que la loi a voulu donner aux citoyens ; ce qui arriverait si l'autorité inamovible du juge devait s'abaisser devant le pouvoir précaire et variable de l'expert. — A l'appui de cette opinion voyez l'arrêt de la cour de Nîmes, du 12 pluviôse an 13, rapporté par M. Sirey, 5-2-91, et les *Pandectes françaises*, ubi suprà.

Article 2.

EXPERTS-ÉCRIVAINS. — Comparaison d'écritures. — Présomption. — Preuve. — Conjecture.

Le juge est-il lié par le rapport des experts-écrivains ? — Non.

La preuve résultant d'une procédure en matière de vérification d'écritures est-elle conjecturale ? — Oui.

On ne doit pas ajouter la même foi à la déposition des témoins experts qu'à celle des témoins ordinaires : ces derniers, en déposant d'un fait qui s'est passé sous leurs yeux, en ont une connaissance certaine, au lieu que les témoins experts ne raisonnent que par conjectures ; ils se bornent uniquement à exprimer leur opinion particulière sur la pièce soumise à leur examen : aussi la loi ne range-t-elle les preuves résultantes des opérations des experts, en matière de comparaison d'écritures, que dans la classe des simples indices. C'est par ce motif que les tribunaux ne sont pas astreints à y avoir égard, et que, nonobstant la déclaration univoque des experts, ils ont déclaré, souvent, vraies des pièces privées, lorsqu'elles étaient de nature à détruire ou à infirmer l'opinion des experts.

Cela est fondé sur les principes même de la loi, et sur la nature des preuves qu'elle nous indique, lorsqu'il est question de se décider sur l'accusation de faux. La loi 22, cod. *ad leg. Corn., de falsis*, s'exprime ainsi : *ubi falsi examen inciderit, tunc acerrima fiat indago argumentis, testibus, scripturarum collatione aliisque vestigiis veritatis.*

Le premier chef de preuves que la loi présente à l'examen du juge, dans ce cas, est celui qui se déduit, par argument, des faits connus, de la situation de la partie qui a écrit l'acte, et des autres circonstances qui peuvent donner des éclaircissemens sur la vérité : *acerrima fiat indagatio argumentis.*

Le second, le témoignage de ceux qui ont eu connaissance de l'écrit contesté, *testimoniis*; et cela; soit que les témoins aient vu tracer, en leur présence, l'écrit dont la vérité est contestée, soit qu'ils aient, seulement, appris de la bouche des parties la vérité de l'écrit, ou qu'ils aient su par elles ce qu'il devait contenir.

Enfin, le troisième ordre de preuves est la comparaison d'écritures, que la loi ne range également que dans la classe des indices : *scripturarum colla-*

tione aliisque indiciis veritatis. Cet indice est, d'ailleurs, si peu décisif par lui-même, que, lorsque la preuve testimoniale, d'une part, et la comparaison d'écritures, d'une autre, se combattent, la preuve qui naît de la déposition des témoins l'emporte sur celle de la comparaison d'écritures. Telle est la décision textuelle de la Novelle 73, chap. 3, en ces termes : *si verò tale aliquid contigerit quale in Armeniâ factum est, ut aliud quidem faciat collatio litterarum, aliud verò testimonia; tunc nos quidem existimavimus ea quæ vivâ dicuntur voce, et cum jurejurando, hæc digniora fide quàm scripturam ipsam secundùm se subsistere*.

Tous nos auteurs, convaincus de l'incertitude de la science des experts en cette matière, et combien leur jugement est sujet à erreur, reconnaissent, aussi, que la preuve par comparaison d'écritures n'a, par elle-même, aucune certitude; que ce n'est point une preuve proprement dite, et qu'ainsi, lorsqu'elle se trouve en opposition avec des faits et des circonstances qui donnent à la pièce un caractère de certitude et de vérité, c'est à ces présomptions qu'il faut s'en tenir, plutôt qu'à l'opinion factice des experts, qui se seront décidés contre la vérité de la pièce.

Ecoutons Mornac sur la loi 19, cod. *de fid. inst.*, en parlant du degré de preuve que fait la comparaison d'écritures : *compertum habemus plus satis suspecta adeò esse judicibus ea comparationum judicia, ut ferè insuper habeant litesque aliundè ex instrumentis judicialibus perpensâque personarum existimatione dirimant*. Aussi Mænochius, *de arbitr.*

judic., *lib.* 2, *cas.* 104, ne fait aucune difficulté de décider que la preuve qui résulte de la simple comparaison d'écritures n'est pas, même, une semi-preuve, et qu'ainsi elle ne peut contrebalancer, dans aucun cas, celle qui s'évince des circonstances qui peuvent attester la vérité de la pièce.

La procédure par comparaison d'écritures n'est autre chose, suivant la définition qu'en donne Balde, sur la même loi 20, n.° 34, qu'un argument pris de la ressemblance et de la vraisemblance; c'est-à-dire, que de cela que les écritures paraissent semblables ou dissemblables, l'expert en conclut qu'il est aussi *vraisemblable* qu'elles sont ou ne sont pas de la même main : *scriptura ex quâ fit comparatio, nihil aliud est, nisi argumentum à simili et verisimili.* La décision des experts n'est donc, en pareille matière, que la conséquence qu'ils tirent par conjecture, et comme étant une chose vraisemblable, de la conformité ou de la non conformité qu'ils ont cru apercevoir dans les écritures qui leur sont présentées. Ce jugement ne peut donc avoir, par lui-même, aucune certitude : si c'est un indice, ce ne sera jamais un indice indubitable, sur lequel on puisse asseoir un jugement assuré, et qui doive l'emporter sur les autres indices, les preuves et les présomptions qu'on peut administrer pour le soutien de la pièce.

On trouve ces principes développés dans le *Traité de la preuve par comparaison d'écritures*, imprimé à la fin de *la Preuve par témoins*, de Danty, pag. 651 et 656, et jusqu'à la page 658, où l'auteur dit : « concluons donc que, non-seulement la com-

» paraison d'écritures ne produit point une preuve » littérale, ni testimoniale; mais qu'elle ne forme, » non plus, aucun indice indubitable; qu'il n'y a » rien de plus incertain que les experts, ni de plus » trompeur que leurs conjectures ».

Ce fut d'après ces principes que le parlement rendit un arrêt, le..... septembre 1775, au rapport de M. Juin de Siran, dans cette espèce :

Le sieur de Roquefeuil demandait l'exécution de certaines pièces sous signatures privées. Le sieur Teysseire, qui ne faisait que prêter son nom au sieur de Crespon, s'était inscrit en faux. Les deux experts qui avaient été nommés, tous deux notaires à Toulouse (l'un d'eux était M.e Mauras), déclarèrent les pièces fausses. Mais le parlement s'étant convaincu, par l'ensemble des circonstances ramenées par le sieur de Roquefeuil, de la vérité des pièces contestées, ne s'arrêta point à l'assertion conjecturale des experts; et, sans avoir égard aux moyens de » faux joints, ni à ladite inscription et procédure de » faux contre le billet......, ni aux réquisitions de » M. le procureur-général, il démit les sieurs Teys- » seire et de Crespon de leurs demandes en rejet » desdites pièces; condamna Teysseire en 200 liv. » d'amende envers le sieur de Roquefeuil, et tant » ledit Teysseire que le sieur de Crespon, solidaire- » ment, en 500 liv. d'aumônes envers les pauvres » de Ledergues, etc. ».

Dans cette affaire, la conviction intime des juges l'emporta sur l'assertion conjecturale des experts.

J'avais instruit pour M. de Roquefeuil. Ces notes

sont également extraites d'une consultation que je délibérai avec M. Romiguières père.

ANNOTATIONS.

Les auteurs du *Commentaire de la procédure civile*, inséré aux *Annales du notariat*, après avoir dit, sur l'art. 195, que la vérification d'écritures se fait par des experts-écrivains, qui ont recours aux principes de leur art pour prononcer sur la ressemblance ou dissemblance, ajoutent : « malheureusement plusieurs exemples » ont donné la preuve que l'art des experts-écrivains n'est pas » toujours fondé sur des principes tels qu'ils ne puissent pas se » tromper ». Sur l'art. 200, pag. 402, et sur celui 233, pag. 58 du tom. 2, ils répètent : « nous l'avons déjà dit, la vérification » d'écritures est une opération absolument conjecturale, et d'une » nature très-délicate. Une funeste expérience n'a que trop prouvé » que les experts les plus habiles et les plus probes peuvent com- » mettre de dangereuses erreurs ». Voyez encore Pigeau, *Procédure civile*, tom. 1.er, pag. 392, 4.e édit.; l'arrêt de la cour de Besançon, du 12 juin 1812, rapporté par M. Dalloz, *Jurisprudence générale du royaume*, v.° *Expertise*, tom. 7, 2.e part., pag. 681. Cet arrêt déclare que la science des experts atramentaires n'étant que conjecturale, les juges doivent ordonner une nouvelle expertise, pour peu que la première ne présente pas des renseignemens suffisans.

Article 3.

EXPERT. — Rapport. — Seconde vérification. — Frais avancés.

Le juge doit-il ordonner un nouveau rapport toutes les fois qu'une des parties le demande, et offre d'en avancer les frais ?

Les dires des experts ne sont que des opinions, et non des jugemens. Les experts instruisent les juges ; mais ils ne décident pas : *dictum experto-*

rum nunquàm transit in rem judicatam : Larroche, liv. 6, v.° *Experts*, tit. 51, art. 1.er

Leur avis, sans doute, est d'un grand poids; quelquefois, même, il est décisif pour les faits sur lesquels leur témoignage a été demandé; mais le fond du droit est hors de leur domaine : *ad quæstionem juris respondent judices, ad quæstionem facti respondent juratores*.

Le juge peut suppléer au rapport des experts : *potest judex ex officio supplere, si fortè rationes non concludunt, vel suspectæ sunt* : Dumoulin sur la *Coutume de Paris*.

Ces principes sont élémentaires.

Lorsqu'après une première expertise, une partie demande une seconde vérification, avec offre d'en avancer les frais, cette demande n'est pas toujours refusée, *sauf à recouvrer en fin de cause, s'il est trouvé que les premiers experts eussent douteusement, ambitieusement ou ignoramment rapporté* : ce sont les propres termes de Coquille, dans ses *Questions et Réponses*, chap. 300, tom. 2, pag. 324.

Larroche, *ubi suprà*, s'exprime ainsi : « par » une maxime du palais, est dit que, *dictum* » *expertorum nunquàm transit in rem judicatam;* » à cause de quoi, encore qu'il y ait une relation » par experts, *bien faite;* néanmoins, si l'une des » parties s'en plaint, et requiert qu'à ses dépens » il en soit fait une autre, il lui est permis de » ce faire par autres experts, appelés les premiers, » aux dépens dudit requérant, sauf à iceux recou- » vrer, si ainsi en fin de cause est ordonné ».

Basset, tom. 1.er, liv. 2, tit. 16, chap. 3, a recueilli des arrêts conformes à cette doctrine; Boniface, tom. 2, part. 3, liv. 2, tit. 9, chap. 4, rapporte d'autres arrêts qui ont reçu jusqu'à trois relations, et qui, même, ont jugé contre ces trois rapports, quoiqu'ils exprimassent la même opinion.

Denisart décide, après Duplessis, que si le juge ne trouvait pas sa religion suffisamment instruite par un rapport d'experts, il pourrait, de son chef, et sans aucune réquisition des parties, en ordonner un nouveau, quand même l'avis des premiers experts se serait trouvé unanime. On trouve cette décision *v.*° Experts, n.° 22.

Cependant, malgré toutes ces autorités, le parlement de Toulouse était dans l'usage de ne jamais ordonner de seconde vérification, lorsque la première paraissait avoir été faite avec soin, à moins qu'il n'existât des preuves ou des présomptions assez fortes pour contredire le rapport des experts. Cela dépend, comme on le sent, des circonstances particulières de la cause.

1. Le 10 avril 1758, au rapport de M. Pujos, arrêt en faveur du sieur Pélegrin contre le sieur Langlade, qui refusa à ce dernier une seconde estimation de fruits.

2. Le 20 avril 1763, au rapport de M. de Novital, arrêt qui démit le sieur Baron, du lieu des Bordes, de la demande d'une seconde vérification, qu'il n'avait formée que par des fins subsidiaires, et le condamna à payer au sieur de Pointis 860 livres, pour restitution de fruits, confor-

mément à la relation des premiers experts, qui fut autorisée.

3. Le 7 septembre 1769, au rapport de M. de Célés, arrêt qui refusa au seigneur de Latrape une seconde vérification, parce que le premier rapport était en règle.

Voy., encore, au 5.e tom. du *Journal du palais*, pag. 353, un arrêt du mois de mars 1733, qui refusa à l'hôpital de Plaisance la seconde vérification qu'il demandait.

Cette jurisprudence est puisée dans l'intérêt public, qui a pour objet d'abréger la durée des procès.

Cependant il fut rendu, le 25 avril 1776, au rapport de M. de Ségla, un arrêt entre les sieurs de Montel et de Panafieu, qui accorda à ce dernier une seconde vérification, quoique la première parût avoir été faite régulièrement, conformément à la doctrine de Larroche.

ANNOTATIONS.

Voy. art. 322 et 323, cod. de proc. civ.

Pigeau, *Procédure civile*, tom. 1, pag. 381, 4.e édit., dit : « la loi permet aux juges d'ordonner d'office un nouveau rap- » port ; mais elle ne permet pas aux parties de le requérir, parce » que le tribunal verra bien par lui-même, après la plaidoirie, » si les éclaircissemens sont suffisans ou non ; qu'ainsi, sous tous » les points de vue, la réquisition par les parties d'un nouveau » rapport est frustratoire, et occasione des frais sans aucune » utilité ». Telle est aussi l'opinion des auteurs du *Praticien*, tom. 2, pag. 247.

M. Crivelli, dans ses notes sur Pigeau, s'exprime ainsi : « il » ne nous paraît pas exact de dire que les parties n'aient pas la » faculté de demander une nouvelle expertise, lorsqu'elles ne » sont pas satisfaites de la première : cette conséquence ne découle

» pas nécessairement des termes de l'art. 322, et nous ne pen-
» sons pas qu'il soit contraire au vœu de cet article d'admettre
» que les parties peuvent requérir elles-mêmes une seconde exper-
» tise ; les juges doivent apprécier, dans ce cas, les raisons qui
» sont données pour en démontrer la nécessité : ils peuvent la
» refuser, sans doute, lorsqu'ils ne la croient pas utile ; mais
» ils doivent l'ordonner, lorsque la demande en est fondée : c'est
» ce que nous avons vu pratiquer constamment ; les tribunaux
» sont en usage, seulement, dans ce cas, d'ordonner que la nou-
» velle expertise aura lieu aux frais avancés de la partie qui la
» réclame, sauf à les faire supporter en définitive par celle qui
» succombe ». MM. Delaporte, tom. 1, pag. 108 ; Demiau-Crouzilhac, pag. 234 ; les auteurs du *Commentaire inséré aux Annales du notariat*, tom. 2, pag. 339 ; Carré, *Analise*, quest. 1090 ; M. Favard, § 4, n.° 1, sont du même sentiment : voy. aussi l'*Essai sur la nature des preuves*, par Gabriel, n.° 155, pag. 308 et suiv.

M. Dalloz, *Jurisp. gén. du royaume*, v.° *Expertise*, sect. 1.re, art. 8, n.° 2., dit : « l'art. 322 (cod. de proc. civ.) porte que les
» juges pourront ordonner d'*office* une nouvelle expertise : on s'est
» demandé s'il ne résulte pas de là qu'il n'est point permis aux
» parties de la demander ; il faut répondre que non : le droit de
» réclamer une nouvelle épreuve entre dans les élémens de la
» défense ; c'est ensuite aux juges d'apprécier si la réclamation
» est fondée ».

Suivant M. Merlin, en son *Répert. de jurisp.*, v.° *Expert*, n.° 7,
« si les experts ont opéré d'après des principes faux ; s'ils se
» sont déterminés par des motifs erronés, inexacts, invraisem-
» blables, nul doute que chaque partie ne soit recevable et fon-
» dée à demander un nouveau rapport ;

» Mais si les deux experts sont d'accord ; si leur procès-verbal
» est étayé de bons motifs ; s'ils sont partis des vrais principes ;
» si, enfin, rien n'annonce en eux de la partialité, les parties
» doivent se soumettre à leur rapport ; et l'on ne doit pas écouter
» celle qui en demanderait un nouveau, même à ses frais ; autre-
» ment les procès n'auraient point de fin ; et puis, quelle foi
» mériterait plutôt un second rapport qu'un premier » !

Cette opinion de M. Merlin est en harmonie avec un arrêt de la cour de Rennes, du 26 mars 1813, rapporté par M. Dalloz, *ubi suprà*, pag. 682 : cet arrêt a décidé que les parties n'étant

pas

pas juges du mérite d'un rapport d'experts, les juges ne sont pas obligés d'en ordonner un nouveau, lorsque l'une d'elles le demande; et ils peuvent rejeter cette demande, s'ils ne voient pas qu'il soit *nécessaire* de consulter de nouveaux experts.

EXTRAITS. — Foi.

Les extraits délivrés par les préposés de l'enregistrement font-ils foi?

Par arrêt du 29 avril 1746, au rapport de M. l'abbé de Boyer, en grand'chambre, il fut jugé, dans la cause du sieur Pierre de Cazalet, officier d'infanterie, de la ville de Millau, contre le sieur de Saint-Denis, que les extraits délivrés par les commis au contrôle faisaient foi. Le sieur Cazalet rapportait des extraits des registres du contrôle de Saugues et de Mende, extraits qui lui avaient été délivrés, sans aucune formalité, par le sieur Lafont et le sieur Ture, commis au contrôle : le sieur de Saint-Denis en demanda inutilement le rejet.

Dans un écrit de mon père je lis, au contraire: « il suffira d'observer que cet extrait a été expédié par le greffier des insinuations ecclésiastiques du diocèse d'Agen; cet extrait fait foi de l'insinuation: il prouve, aussi, que la pièce dont le greffier a délivré l'extrait est insérée dans ses registres. Mais on ne saurait prétendre que cet extrait fasse foi de la vérité de la pièce qui a été insinuée. Le greffier doit insinuer tout ce qu'on lui présente; il n'examine pas si la pièce est vraie ou supposée, il n'en est même pas le détenteur, puisqu'il n'en a qu'un simple extrait dans ses registres : ainsi, l'extrait qu'il en délivre ne peut servir que pour prouver l'insinuation, et non pour constater la sincérité ou l'authenticité de la pièce insinuée, tout de même que l'extrait du registre du contrôle prouve que l'acte a été contrôlé ; mais ne sert point à établir la vérité de cet acte, s'il n'est rapporté, d'ailleurs, en bonne et due forme : cela se sent assez ».

ANNOTATIONS.

Cette opinion est celle que la cour de cassation a adoptée par ses arrêts des 7 brumaire an 13 et 1.er août 1810, rapportés dans le *Traité des nullités* de M. Perrin, pag. 168 et 169. Il y a aussi un arrêt dans le même sens, rendu par la cour de Toulouse, le 23 décembre 1811, dans la cause des héritiers Cazes et du sieur Bessan ; et un autre de la cour de Bordeaux, du 20 janvier 1831 : *Mémorial de jurisprudence*, tom. 22, pag. 225. Ces arrêts ont jugé que les extraits des registres de l'enregistrement ne pouvaient suppléer à la représentation des pièces enregistrées.

EXTRAITS D'ACTES. — AUTORITÉ.

Les extraits d'actes, quoique délivrés par le notaire recevant, ont-ils l'autorité d'une véritable expédition?

LA négative est enseignée par Dumoulin sur *Paris*, § 8, *glos.* 1, *in v.o* Dénombrement, n.o 42, *et hoc dummodò tale exemplum contineat omnem tenorem et omnia solemnia originalis*. Guy-pape, dans sa question 582, n.o 5, se demande *utrùm sufficiat quod clausula instrumenti producatur* ; et il répond que cela ne suffit pas : *dic quod non ; imò debet totum instrumentum produci*. On trouve la même décision dans Boërius, *décis*. 253, n.o 2 ; dans Tiraqueau, du *Retrait lignager*, § 36, glos. 2, n.° 33. La loi veut, en effet, qu'on n'attache aucune autorité à un extrait d'acte, si l'acte n'est pas produit tout entier, *edere non videtur qui stipulationem totam non edit* : leg. 1, § 4, ff *de edendo*.

1. *Sic judicatum* par arrêt rendu, le 14 août 1742, à la grand'chambre, au rapport de M. de Malaret, entre le syndic du chapitre Sainte-Marie d'Auch et le syndic des prébendés de la même Église. Le parlement rejeta l'extrait compulsé des statuts de la chapelle dite de Saint-Martial, parce que cet extrait ne contenait pas la fondation en entier, le chapitre *ayant omis plusieurs articles* dans le compulsoire.

2. Par un second arrêt, rendu le 11 juillet 1776, au rapport de M. de Cantalause, entre les mêmes parties, la cour débouta le syndic des prébendés de sa demande en rejet de l'expédition *au long* que le chapitre avait remise des mêmes statuts, dont l'extrait avait été rejeté en 1742.

ANNOTATIONS.

L'extrait d'un acte est l'analyse ou l'abrégé d'un acte, ou d'un écrit quelconque; d'autres fois, c'est la copie littérale, ou seulement substantielle, d'une ou de plusieurs clauses de l'acte. Voyez M. Massé, *Parf. not.*, tom. 3, pag. 316.

Il arrive souvent que les intéressés n'ont besoin que d'une ou plusieurs clauses d'un acte, comme les légataires, par exemple, ou lorsqu'il s'agit de justifier que, par contrat de mariage, les époux sont séparés de biens, ou qu'on a donné mainlevée d'une hypothèque. La personne intéressée se contente de se faire délivrer une grosse ou une expédition de cette partie; c'est ce qu'on appelle un *extrait*.

Les extraits des testamens doivent être faits littéralement, parce que le testateur y parlant seul, et directement, on doit conserver ses propres expressions. De même, toutes les fois qu'un ensemble de faits doit être connu, il est évident qu'il faut, ou des expéditions, ou, au moins, des extraits succints justifiant chaque objet.

A l'égard des autres extraits, on peut indifféremment les donner, ou littéralement, ou par analyse. Ces deux manières sont également bonnes, pourvu qu'elles soient exactement fidèles; bien entendu que les dispositions particulières des actes ne peuvent s'extraire qu'avec les clauses et modifications qui s'y trouvent, sauf à annoncer, lorsque le tout n'est pas rapporté, qu'il est référé aux minutes pour le surplus des dispositions.

Notez que les extraits doivent contenir tout ce qui constitue l'authenticité des actes, leur validité, et ce qui est de leur substance; le nom du notaire qui a reçu l'acte, celui du possesseur de la minute, s'il n'est pas le même; la date, le nom des parties, l'autorisation du mari, ou son concours quand il y a lieu, etc. Voyez M. Augan, *Cours du notariat*, pag. 112. — M. Rolland de Villargues, *Répert.*, v.° *Extrait*.

F

FAUX.

Article premier.

FAUX PATENT. — Suspicion. — Inscription de faux inutile.

Lorsqu'une pièce porte avec elle les marques d'un faux patent, la suspicion qu'elle inspire suffit-elle pour la faire rejeter, sans passer à l'inscription de faux? Oui.

1. 3 septembre 1738, au rapport de M. de Malaret, arrêt, dans la cause du sieur d'Arlequier contre le sieur Roucayrol, qui rejeta, sans inscription de faux, un bail à fief dont la fausseté paraissait, en ce qu'il était sur un papier *à la cloche*,

papier inconnu long-temps même après le bail en question.

2. 11 septembre 1752, arrêt, en faveur de M.e Soum, syndic du chapitre de Couserans, contre le sieur Buzon, qui, sans inscription de faux, relaxa M.e Soum des sommes réclamées par ce dernier, à titre de surexigé, sur le fondement d'une quittance falsifiée, et dont la fausseté était prouvée.

3. 24 mai 1777, au rapport de M. l'abbé de Salgues, arrêt conforme en faveur de la dame abbesse de Layme contre le sieur Fréjac.

La doctrine consacrée par ces arrêts est professée par tous les auteurs. M. Merlin, *Répert. de jurisp.*, v.o *Inscription de faux*, § 1, n.o 5, dit qu'il est un cas où les auteurs conviennent qu'un acte authentique peut être déclaré faux sans inscription de faux incident, et sans plainte en faux principal; c'est lorsqu'il s'agit d'un faux MATÉRIEL, et que ce faux est tellement frappant, tellement sensible, qu'il ne puisse être sérieusement mis en dénégation. — *Probatur quandòque falsum ex scripto*, dit Mornac sur la loi *si ex falsis*, cod. *de trans.*; et, à l'appui de son opinion, il rapporte un arrêt du parlement de Paris, par lequel, à l'aspect d'une pièce qui portait avec elle des caractères évidens de fausseté, cette cour la rejeta sans inscription de faux préalable. Il a été jugé de même au parlement de Grenoble, par un arrêt du 19 octobre 1610, rapporté par Basset, tom. 2, liv. 9, tit. 5, chap. 1. — L'annotateur de Lapeyrère, lett. F, n.o 4, édit. de 1706, dit, avec Mornac, que *souvent la fausseté est si visible, qu'on n'a pas besoin de former d'ins-*

cription de faux. — Cette opinion est aussi celle de Mœnochius, en son *Conseil* 99; de Julius Clarus, § *falsum*, n.° 3. — Et c'est ce qui fut aussi jugé au parlement de Toulouse, par arrêt du 5 février 1717, mentionné par M. de Juin au *Journal du palais*, tom. 6, pag. 13 du *Supplément*.

ANNOTATIONS.

M. Crivelli, dans ses *Notes sur Pigeau*, tom. 1, pag. 409, s'exprime ainsi : « l'inscription de faux n'est pas toujours indispensablement nécessaire pour obtenir le rejet de la pièce prétendue fausse. Le faux en écriture se distingue en *formel* et *matériel* : le faux est *formel*, lorsqu'il y a supposition de l'acte dans sa forme, dans sa substance; il est *matériel*, lorsque l'acte est véritable; mais qu'il est altéré, seulement, par des additions, des suppressions, des surcharges, des ratures, des dates fausses : en d'autres termes, dans le premier cas, la pièce est *fausse*; dans le second, la pièce est *falsifiée* : si le faux est *formel*, on doit prendre la voie de l'inscription de faux; mais s'il s'agit de faux *matériel*, la seule inspection de la pièce suffisant pour convaincre de l'existence du faux, les juges peuvent y puiser leurs motifs de conviction, la tenir pour fausse, et en ordonner le rejet, sans qu'il soit besoin, dans ce cas, de s'inscrire en faux ».

Cette doctrine est généralement admise par la nouvelle jurisprudence. Voyez arrêts de la cour de cassation des 14 floréal an 10, M. Sirey, 2-2-603; *Journal du palais*, tom. 2, pag. 449, nouv. édit.; et M. Merlin, *Quest. de droit*, v.° *Inscription de faux*, § 1.er; 18 août 1813 : M. Sirey, 1814-1-40; Denevers, 1814-1-623; *Journal du palais*, tom. 15, pag. 412.

Deux autres arrêts de la même cour, rapportés ou indiqués dans le Recueil de M. Dalloz, vol. de 1827, et dans notre *Mémorial*, tom. 20, pag. 395, ont décidé que les juges ne sont pas obligés d'ordonner la vérification de l'écriture et de la signature d'un acte sous seing-privé; qu'ils peuvent par eux-mêmes, et sans le secours d'experts, tenir un pareil acte pour reconnu, si leur religion à cet égard leur paraît suffisamment éclairée.

Cependant M. Carré, *Lois de la procédure*, tom. 1, pag. 556, pense qu'on pourrait opposer l'art. 1319 du code civil et la généralité de l'article 214 du code de procédure ; et il invoque, à l'appui de son opinion, celle de M. Berriat-Saint-Prix, pag. 273, n.° 4.

« Cet auteur, dit-il, admet bien qu'il n'y a pas lieu à formaliser, dans l'espèce, la procédure prescrite pour la vérification de la pièce ; mais il maintient que, pour la rejeter du procès, il est, au moins, nécessaire que la déclaration d'inscription soit passée au greffe : en effet, dit cet auteur, l'art. 1319 du code civil décide que l'exécution des actes n'est ou ne peut être suspendue qu'en cas de plainte en faux, suivie d'accusation, ou en cas d'*inscription* ; il semble donc prononcer indirectement que l'inscription est, au moins, nécessaire ».

Ainsi que l'observent les auteurs du *Journal du palais*, à l'endroit cité du tom. 15, cette objection, qui, du reste, n'est présentée que sous la forme du doute, ne peut être d'un grand poids contre l'opinion générale des auteurs que nous avons indiqués, et la jurisprudence constante de la cour de cassation.

Voyez aussi M. Dalloz, *Jurisp. gén.*, v.° *Faux incident*, sect. 1.re, art. 1.er, n.° 4, en note, et l'arrêt de la cour royale de Bordeaux, du 7 mars 1831 : *Mémorial*, tom. 22, pag. 382.

Article 2.

FAUX (Inscription de). — Faux incident. — Preuve. — Témoins instrumentaires.

Peut-on admettre les témoins instrumentaires eux-mêmes à déposer sur la fausseté des énonciations contenues au testament ?

Spécialement, *un testament public peut-il être déclaré faux sur la simple déposition des témoins instrumentaires*, qu'ils n'étaient point présens à sa rédaction, et qu'ils ne l'ont signé qu'après coup, *lorsque l'acte, même, énonce le contraire ?*

Spécialement encore, *au parlement de Toulouse, la preuve du faux intellectuel pouvait-elle se faire par témoins, même par la voie de l'inscription de faux ?*

Plusieurs auteurs enseignent que l'on ne peut

ajouter foi à la déclaration des témoins qui viennent déposer contre leurs propres signatures, d'après l'axiome : *nemo creditur turpitudinem suam allegans;* et parce que, dans l'hypothèse contraire, aucun acte ne serait certain, deux témoins pouvant le renverser, et deux témoins étant faciles à corrompre ou à séduire.

Faber, *cod.*, lib. 4, tit. 15, déf. 4, dit : *si variæ sint de eâdem re unius hominis testationes, meritò receptum est ut primæ stari debeat, si fuit jurata.... propter metum subornationis et corruptionis.*

Julius Clarus, § *falsum*, n.° 10, s'exprime ainsi : *pone : testis negat se dixisse prout notarius scripsit; notarius verò asserit testem ita dixisse ut scriptum est ; cui magis credendum ? respondi quod regulariter magis credendum notario.*

Cambolas, liv. 3, chap. 13, décide également que l'expression de l'acte doit prévaloir sur la déposition contraire des témoins numéraires : telle est aussi la doctrine de Ferrière sur la question 546 de Guypape.

La jurisprudence de notre parlement n'admettait pas, contre la teneur d'un acte, même par la voie de l'inscription de faux, la preuve qui n'aurait pas pu être reçue par la voie ordinaire de l'enquête ; le motif de cette jurisprudence était, que la preuve testimoniale ne pouvait jamais être employée pour anéantir les effets de la preuve littérale, parce que, quels que soient, d'ailleurs, les élémens dont elle se compose, la preuve testimoniale, soit qu'elle résulte d'une procédure d'information, soit qu'elle ait été acquise par voie d'enquête, n'en conserve pas moins le caractère d'une preuve testimoniale. Tous les arrêts qui établissent cette jurisprudence ont jugé que la foi de l'acte, relativement aux faits qui y étaient attestés par le notaire, et qui étaient de sa compétence, ne pouvait pas être emportée par la preuve testimoniale, et que foi était toujours due à l'acte, dans le cas même où elle serait contredite par les témoins numéraires ; voici ces arrêts :

1. 11 juillet 1747, arrêt, rapporté au tom. 2 du *Supplément du Journal du palais*, pag. 191, qui, après une procédure de faux, confirma le testament fait par la demoiselle Chrétien en faveur de Guillaume Manse, sur le motif que la preuve du faux intellectuel faite par les témoins numéraires, et autres, ne pouvait l'emporter sur l'acte public.

2. 6 juillet 1748, au rapport de M. l'abbé de Castaing, entre MM. Belpech et de Portes, héritiers testamentaires, d'une part, et la dame de Comboularet, de l'autre, arrêt qui réforma une sentence du sénéchal qui avait admis les héritiers légitimes à prouver, 1.° que les témoins n'avaient pas été présens à la prononciation et à la lecture de la disposition ; 2.° qu'ils avaient signé séparément ; 3.° que l'acte contenant le testament n'avait pas été fait *uno contextu*.

Les successeurs légitimes s'inscrivirent en faux, et convertirent en moyens de faux les faits par eux coarctés ; ils n'en furent pas moins rejetés : la cour ordonna l'exécution du testament.

3. 13 septembre 1749, arrêt, au rapport de M. de Lancs, dans la cause des héritiers Noziers et Bessières.

La cour, d'après les mêmes principes, confirma un testament contre lequel on s'était inscrit en faux, sous le prétexte qu'il avait été fait hors la présence d'une partie des témoins numéraires.

4. Le sieur Douradon avait fait, en faveur de Michel Bosc, un testament, contre lequel M. Villa, comme plus proche parent, s'était inscrit en faux, les moyens pris, 1.° de ce que le testateur avait été déclaré voyant, quoiqu'il fût aveugle à l'époque du testament; 2.° de ce que, quoique le notaire eût déclaré que c'était le testateur qui avait dicté le testament, c'était néanmoins l'héritier; 3.° de ce que le testament avait été écrit hors la présence d'une partie des témoins numéraires; 4.° de ce qu'on y aurait, aussi, faussement déclaré que les témoins avaient entendu prononcer au testateur ses dispositions.

M. Villa fit la preuve; le sénéchal annula le testament, décréta de prise de corps le notaire et certains témoins numéraires.

Appel au parlement de la part du sieur Bosc, du notaire et des témoins.

6 juillet 1751, au rapport de M. de Malaret, arrêt qui ordonna l'exécution du testament, débouta M. Villa, avec 300 livres d'amende envers le sieur Bosc, et 2000 livres, à titre de dommages, envers le notaire et les témoins.

5. 7 juin 1774, arrêt qui rejeta le moyen de faux, pris de ce que M.e Hugon-de-Planches, tes-

tateur, n'avait pas prononcé ses dispositions en présence du notaire et des témoins : lors de cet arrêt, la procédure n'était pas faite, et la cour n'examina que la question de savoir si le moyen de faux était pertinent ou non.

6. 16 juillet 1776, au rapport de M. de Montgazin, arrêt qui n'eut aucun égard à la preuve du prétendu faux, résultant d'une procédure faite devant le sénéchal, sur la plainte en faux principal rendue par Marguerite Messeau, à raison du testament du sieur Bernard Messeau, son père.

7. 30 juin 1785, à l'audience de la grand'chambre, arrêt solennel, qui rejeta, également, le moyen de faux, pris de ce que le sieur Liotard n'avait pas prononcé ses dispositions en présence de témoins : voici l'espèce de ce procès remarquable.

Le sieur Liotard, négociant de la ville du Puy, n'ayant point d'enfans, fit son testament en faveur du sieur Parrel, son neveu et filleul ; et, après sa mort, le sieur Dessagnes, autre neveu du testateur, assigne le sieur Parrel, héritier, en division et partage de la succession du sieur Liotard : l'héritier oppose le testament ; le sieur Dessagnes s'inscrit en faux, et présente deux moyens : le premier, pris de ce qu'il est énoncé dans le testament que le testateur l'a signé, tandis qu'il ne contient pas sa vraie signature ; le second, de ce qu'il est dit dans le testament qu'il a été fait en présence de témoins, tandis que les témoins étaient absens lorsque le testateur a prononcé ses dispositions.

6 juin 1783, sentence du sénéchal du Puy, qui admet les moyens. — Appel relevé par le sieur

Parrel. — 15 avril 1784, ordonnance délibérée, qui permet au sieur Dessagnes de continuer la procédure de faux, nonobstant toutes oppositions; la procédure consommée, et le 24 février 1785, sentence du sénéchal, qui joint l'information et la procédure d'experts à l'instance principale : le sieur Parrel étend son appel à cette sentence de jonction; il forme opposition à l'ordonnance délibérée de la cour, qui avait permis la continuation de la procédure; et ses conclusions tendent à ce qu'il plaise à la cour, retractant l'ordonnance, cassant ou réformant les jugemens rendus par le sénéchal, rejeter les prétendus moyens de faux et tout ce qui s'en est ensuivi; et, évoquant l'instance principale, ordonner l'exécution du testament; ce faisant, débouter le sieur Dessagnes de la demande en partage de la succession.

M.e Viguier, plaidant pour le sieur Parrel, soutint que la preuve testimoniale du faux intellectuel n'était admissible, ni par la voie civile, ni par la voie criminelle; que, s'il en était autrement, la société serait dans un trouble continuel : plus de sureté dans les fortunes, dans l'état, dans l'honneur des citoyens; plus de confiance parmi les hommes, si un acte public, un testament solennel pouvait être détruit par l'assertion de deux témoins : quelle raison, d'ailleurs, disait-il, pour préférer la déposition de deux témoins à l'attestation d'un officier public, des parties, et des témoins qui les ont assistés? pourquoi, même, en supposant ces deux preuves égales, pourquoi serait-il permis de les comparer l'une à l'autre, comme pour tenir en suspens la balance de la justice, et laisser le juge dans l'incertitude et le doute : *magis est ut actus valeat.*

Me Mascart, pour le sieur Dessagnes, releva le danger qu'il y aurait à refuser la preuve testimoniale: les notaires, disait-il, seront les maîtres de nos fortunes; ils disposeront à leur gré de nos biens, s'il n'est pas permis de dévoiler le secret des énonciations frauduleuses et des faussetés qu'ils auront introduit dans leurs actes : l'assertion fausse d'un officier public est un crime; il doit être prouvé comme les autres crimes : s'il en était autrement, il y aurait impunité, et les conséquences en seraient d'autant plus funestes pour la société, qu'elle serait sans garantie contre des prévarications que la loi poursuit de toute sa rigueur.

M. Lecomte, avocat-général, adopta le système de Me Mascart, et, en analysant la procédure, il fit remarquer principalement, 1.° que deux experts assuraient, dans leur rapport, que la signature *Liotard*, apposée sur la minute du testament, était conforme aux signatures des pièces, et qu'elle avait été faite par la même main; 2.° que les six témoins numéraires avaient déclaré, dans leurs dépositions, avoir vu signer le testateur; et qu'après avoir examiné la minute du testament qui leur avait été présentée, ils avaient attesté que la signature *Liotard* était la même que celle qu'ils avaient vu faire au testateur; 3.° que de ces six témoins numéraires, cinq avaient déposé n'avoir point assisté à la dictée du testament; mais, seulement, à la lecture qui en avait été faite; 4.° qu'ils avaient ajouté que le notaire, en faisant la lecture, avait demandé de temps en temps au testateur : *sont-ce là vos dispositions?* et que le testateur avait répondu *oui*; 5.° que le sixième témoin numéraire avait, seul, entendu dicter les dispositions par le testateur, et, par conséquent, qu'il paraissait que l'art. 5 de l'ordonnance de 1735 n'avait pas été observée, puisque cet article veut que les dispositions soient dictées au notaire en présence de six témoins ; 6.° que quatre témoins non numéraires avaient été ouïs, et n'avaient rapporté rien de décisif, parce qu'ils ne s'étaient pas trouvés dans la chambre du malade lorsque le notaire avait retenu le testament.

Telle était la substance de la procédure, et M. l'avocat-général, après en avoir fait une analyse exacte, conclut à un décret d'ajournement contre le notaire : la cour renvoya au conseil. Le public prenait le plus grand intérêt au jugement de cette cause ; le barreau paraissait, même, porté pour le sieur Dessagnes : la lecture des dépositions, et le réquisitoire de M. l'avocat-général, avaient fait naître les préventions les plus graves contre le testament du sieur Liotard, et l'on pensait, assez généralement, que la preuve testimoniale du faux intellectuel pouvait être ordonnée ; mais la cour, après une mûre délibération, se décida en faveur de l'acte public ; elle retracta l'ordonnance délibérée du 15 avril 1784, réforma les jugemens rendus par le sénéchal du Puy, rejeta les prétendus moyens de faux, et tout ce qui s'en était ensuivi ; et évoquant l'instance principale, après avoir connu des charges, elle débouta le sieur Dessagnes de sa demande en partage de la succession du sieur Liotard.

Cet arrêt, entièrement conforme aux principes que le parlement avait suivis jusqu'alors, établit sa jurisprudence d'une manière invariable; et, dès-lors, il faut reconnaître que, dans tout le ressort de cette cour, la preuve du faux intellectuel ne pouvait pas être faite par témoins, même par la voie de l'inscription de faux.

On voit, par ces divers arrêts, que le parlement de Toulouse professait en cette matière des principes plus sévères que les parlemens de Paris et de Dijon; car, suivant Serpillon, *Code du faux*, ces deux parlemens, en jugeant que les témoins numéraires, ni le notaire, ne pouvaient détruire leur première assertion, admettaient, pourtant, les témoins étrangers, c'est-à-dire, non numéraires, à déposer contre le contenu de l'acte par la voie de l'inscription de faux; tandis que la jurisprudence constante du parlement de Toulouse était de rejeter les moyens de faux intellectuel: par où, il est évident que les témoins, même étrangers, n'étaient point admis contre une preuve écrite.

Du reste, comme cette question est très-délicate, et qu'elle a reçu des solutions diverses, je vais noter ici la doctrine des auteurs, et la jurisprudence de quelques parlemens de France, telle que Serpillon nous l'a transmise page 428.

« Trois célèbres jurisconsultes, dit cet auteur, décident formellement que les témoignages des témoins instrumentaires doivent être admis, lorsqu'il s'agit d'une inscription en faux contre un acte public. — *Quoties*, dit Godefroy sur la loi 1, cod. *de testibus*, *de fide tabularum dubitatur*, *instrumenti falsitas testibus probari potest*; *iidem testes qui in instrumento interfuerunt*, *ejus falsitatem possunt arguere*, *eoque casu vox præferetur scripturæ*. — Le président Faber, dans son code, liv. 4, tit. 15, déf. 15, dit : *instrumento magis creditur quàm testibus instrumentariis*, *nisi cùm criminaliter agitur de falso*. — *Minùs creditur instrumentariis testibus contrà instrumenti verba testificantibus*, *quàm instrumento*, *præsertìm mortuo jam notario*; *sed*, *tamen*, *si instrumentum falsum dicitur*, *majorem testibus quàm instrumento fidem haberi necesse est*, *ita tractatum est* 1590. — Dans les notes, on cite Julius Clarus, *in practicâ criminali*, § *falsum*, n.° 15, et quest. 53, n.° 17. — Voyez Danty, dans son *Traité de la preuve par comparaison*, édit. de 1752, pag. 670.

« A l'égard des arrêts, on trouve dans Catellan, liv. 2, chap. 68, deux arrêts du parlement de Toulouse, de 1664 et 1668, qui ont admis à prouver, par le notaire et les témoins instrumentaires, que les témoins d'un testament n'avaient pas été tous présens; qu'ils n'avaient, ni vu, ni entendu le testateur, et que celui-ci ne les avait pas vus.

» Pineau, tom. 1.er de son Recueil d'arrêts du parlement de Tournay, n.° 29, rapporte un arrêt du 26 juin 1664, auquel il donne ce titre : *les circonstances peuvent faire que l'on ajoute plus de foi à deux témoins instrumentaires qu'à deux notaires qui ont passé l'acte*, *et*, *sur-tout*, *s'il y a inscription de faux*.

« Cet

« Cet auteur, après avoir donné l'espèce de l'arrêt, dit que le testament était attaqué sur le fondement que les deux témoins n'avaient pas paru devant les deux notaires ; il rapporte les deux déclarations des témoins, qui étaient les seules preuves du faux.

» Il s'agissait de décider laquelle déclaration devait prévaloir, ou celle faite par les témoins instrumentaires, ou celle faite par les deux notaires : la première prévalut, et le testament fut annulé, principalement par la circonstance que les notaires, qui étaient intéressés à soutenir l'acte, convenaient, néanmoins, ne pouvoir assurer que les deux témoins qui leur étaient confrontés fussent les mêmes que ceux qui leur avaient été présentés.

» Malgré ces autorités, il faut convenir, comme il a été déjà observé, qu'il est impossible d'établir une règle sur cette matière, qui dépend toujours des circonstances ; il faut des arrêts qui aient jugé sur la seule confession, et les déclarations des notaires, et celles des témoins....

» On prétend que de ces principes il résulte que, depuis l'ordonnance de 1735, ce qui peut suffire pour la preuve contre les accusés doit suffire, à plus forte raison, contre un tiers, qui n'a que des intérêts pécuniaires ; et que ce sont toujours les circonstances particulières qui doivent déterminer à tirer plus ou moins avantage des aveux et déclarations des ministres instrumentaires....

» On peut opposer à ces réflexions les moyens suivans, pour prouver que le notaire et les témoins instrumentaires ne peuvent, par leurs discours dans le public, ni par leurs déclarations en justice, et leurs réponses judiciaires, détruire la foi d'un acte qu'ils ont souscrit, et dont ils ont attesté la vérité.

» Danty, dans ses *Additions* sur la préface de Boiceau, n.° 33, pag. 40, édit. de 1752, dit que, quand le notaire, les parties, et les témoins, ont signé l'acte, il ne peut plus être détruit par la déposition contraire du notaire et des témoins qui ont signé, parce que leur foi est engagée par leur signature, outre que la preuve par témoins n'est pas recevable contre un acte par écrit et authentique....

» Domat, *Lois civ.*, liv. 3, tit. 6, sect. 2, n.° 7, observe que, quand les actes sont dans les formes, non-seulement on ne reçoit pas de preuves contraires; mais qu'on n'écouterait pas même une partie qui prétendrait faire ouïr en justice les témoins d'un acte, pour y apporter quelque changement, ou pour l'expliquer; car, outre le péril d'une infidélité de la part des témoins, l'acte n'ayant été écrit que pour demeurer invariable, sa force consiste à demeurer toujours tel qu'il a été fait ».

On peut tirer avantage, pour ce sentiment, de divers arrêts; et ici Serpillon rapporte, 1.° une sentence des juges de Saint-Vaast, du 2 mars 1744, qui avait condamné un notaire à dix ans de galères, pour avoir faussement relaté dans le testament d'un sieur Isidore Payen, qu'il l'avait écrit *en présence de Jean Lelièvre*, témoin (tandis que, dans le fait, ce Jean Lelièvre n'avait pas été présent), et *pour avoir soutenu la main de Payen, testateur, pour achever partie de sa signature au bas de son testament.*

Par la même sentence, il fut dit que les témoins seraient admonétés; et ils furent condamnés chacun en vingt livres d'amende envers le Roi. Mais un arrêt du parlement de Paris, du 16 juillet 1745, réforma, et renvoya le notaire et les témoins de l'accusation contr'eux formée, avec dommages-intérêts, et dépens.

2.° Autre arrêt du même parlement, du 15 mai 1746, confirmatif d'une sentence de la sénéchaussée de Lyon, qui, sans avoir égard aux déclarations des témoins instrumentaires, et sans s'arrêter à l'inscription de faux, renvoya un notaire de l'accusation contre lui formée, avec dépens, pour lui tenir lieu de dommages-intérêts.

3.° Autre arrêt, du 3 mars 1744, au sujet du testament de Claude Balme : il avait institué pour héritier Louis Perronet, son cousin, et avait fait un legs à Charles Balme, son frère, qui s'inscrivit en faux contre le testament. Ses moyens étaient, 1.° que, quoique les notaires eussent attesté que les témoins instrumentaires avaient assisté à la confection de l'acte, depuis le commencement jusqu'à la fin, la vérité était qu'ils ne s'y étaient trouvés qu'à la fin; en sorte que plusieurs dispositions du testament avaient été rédigées hors leur présence; 2.° que, quoiqu'ils eussent aussi attesté qu'ils avaient été requis par le testateur, aussi bien que les témoins, de se transporter dans son domicile, il était, cependant, vrai qu'il ne les avait requis, ni les uns, ni les autres, et qu'au contraire, lorsqu'ils s'étaient présentés, il avait déclaré qu'il ne les avait pas fait appeler; 3.° que, quoique les notaires eussent rapporté que le sieur Balme avait testé de son gré et libre volonté, il y avait, au contraire, été forcé; 4.° que, quoique les notaires eussent encore attesté que le testateur était sain de tous ses sens, parole, mémoire et entendement, la vérité était que, pendant la confection du testament, il était tombé dans le délire. Quatre témoins instrumentaires déposèrent unanimement que, quand ils étaient entrés, l'acte était tout rédigé; qu'ils avaient, seulement, entendu faire lecture du testament, et que, pendant cette lecture, le testateur disait: *vous me faites donner mon bien, il ne me restera donc rien si j'en reviens.* Les deux autres témoins instrumentaires ne furent pas entendus; mais il y eut des témoins étrangers qui déposèrent.

Perronet, héritier, fut décrété de prise de corps, et les notaires d'ajournement personnel: le titre du décret était d'*avoir, ledit Perronet,* fait faire un testament par Claude Balme, sans que les témoins qui avaient été appelés eussent été présens à la confection de l'acte, d'avoir fermé la chambre du testateur avec violence pour en empêcher l'entrée à d'autres personnes, et d'avoir gêné la volonté du testateur.

Le décret contre les notaires eut pour motif d'avoir attesté que le testament avait été dicté en présence des témoins, quoique la plus grande partie de ces témoins n'eussent été présens, les uns qu'au commencement, les autres qu'à la fin.

Par sentence du 12 septembre 1746, le testament fut déclaré faux, et la succession ouverte *ab intestat;* mais, en cause d'appel, cet héritier étant parvenu à faire déclarer valables les reproches qu'il avait fournis contre les témoins étrangers, il ne resta plus que le récit des témoins instrumentaires, qui déposaient précisément de leur absence pendant la rédaction de l'acte.

Cependant le parlement de Paris n'eut aucun égard à leurs dépositions. La sentence fut réformée, et le testament fut maintenu par arrêt du 19 août 1747.

Aux arrêts rapportés par Serpillon, on peut ajouter deux autres arrêts conformes, des 31 août 1779 et...... février 1786, que M. Merlin a recueillis dans ses *Questions de droit*, v.° *Témoin*, § 3. La dernière de ces décisions fut rendue sur les conclusions de M. l'avocat-général Séguier.

Ces arrêts paraissent fixer la jurisprudence du parlement de Paris.

Il existe des arrêts semblables du parlement de Dijon, qui sont relatés aussi par Serpillon à l'endroit déjà cité.

« Le premier fut rendu au sujet du testament olographe du sieur Courtot, avocat à Beaune, dont la suscription avait été reçue par les notaires Gourdier, père et fils, et signée par Teinturier et Lordelot, témoins. — Les moyens des héritiers présomptifs, qui avaient formé une inscription de faux, furent admis par sentence du 7 décembre 1735 : ces moyens étaient que les témoins n'avaient jamais su avoir signé un testament du sieur Courtot; qu'ils s'en étaient ainsi expliqués dans des termes non suspects; qu'ils ne l'avaient su que lorsqu'on leur en avait fait des reproches, et qu'ils avaient dit avoir été trompés par le notaire Gourdier. — Teinturier, l'un des témoins, dépose que l'acte lui avait été présenté tout dressé, et qu'il ne l'avait vu, ni écrire, ni signer. — Lordelot, autre témoin instrumentaire, déposait qu'il n'y avait que du blanc au-dessus de ce qu'il avait signé, et, néanmoins, qu'il ne pouvait se souvenir s'il avait signé un blanc, ou si on lui avait caché l'acte avec un autre papier blanc. — Ces témoins, suivant leur déposition, n'avaient été appelés qu'après la rédaction de l'acte; ils n'avaient pas vu le testateur : ainsi, à s'en rapporter à leurs dépositions, le testament devait être cassé : il fut cependant confirmé par arrêt du parlement de Dijon, du 30 août 1736.

» Cet arrêt, par conséquent, décida que la déposition des témoins instrumentaires n'est d'aucune considération, lorsqu'elle n'est pas appuyée par d'autres dépositions de témoins étrangers, contenant de violentes présomptions et des indices considérables du faux.

» Autre arrêt. — Marguerite Bruchet, femme de François Nicod, avait fait, le 5 octobre 1744, une donation en présence des sieurs Jam et Payel : la donation fut impugnée de faux, et les moyens admis par sentence du bailliage de Châlons-sur-Saône, du 29 mars 1753; les moyens de faux furent que François Nicod, mari, avait lui-même dicté la donation, sans que sa femme, testatrice, eût déclaré au notaire ses intentions; 2.° que la donation était commencée lorsque le sieur Payel, l'un des témoins, était arrivé : que le sieur Nicod avait prié le sieur Payel d'aller avertir le sieur Jam; que Payel était sorti pour y aller, et que, lorsqu'ils étaient revenus l'un et l'autre, l'acte était presque consommé; 3.° que l'acte avait été presqu'entièrement écrit, clos et signé, sans que lecture en eût été faite à la donatrice, qui n'avait pas été requise de signer. — Les deux témoins instrumentaires avaient été décrétés : Payel, l'un d'eux, avait répondu qu'il était arrivé près d'une demi-heure avant le sieur Jam dans la chambre de la donatrice; que, lorsqu'il y était entré, le notaire tournait le feuillet de l'acte, parce que la première page était déjà écrite; que le notaire écrivait de mémoire; qu'il était placé à l'un des bouts de la chambre, près d'une fenêtre, tandis que le lit de la malade était à l'autre bout de la chambre; que le mari se promenait, allant du lit de la malade au notaire, auquel, cependant, il ne dictait pas; que la malade ne disait mot; qu'il ne lui avait pas entendu dire quelles étaient ses intentions, et que, lorsque le sieur Jam était arrivé, la dernière page était commencée.

» Les réponses du sieur Jam, sur le décret, furent que, lorsqu'il arriva, le notaire avait déjà écrit partie de la première page; qu'il ne se rappelait pas si le notaire écrivait de mémoire, ou si la donatrice dictait; que le mari avait toujours été présent, et que lecture ayant été faite de l'acte, la testatrice avait fait ajouter quelque chose. — Plusieurs témoins avaient déposé d'une conversation que le sieur Payel avait eue dans un cabaret, et qui était conforme à ses réponses.

» Par sentence du bailliage de Châlons-sur-Saône, la donation avait été déclarée fausse; mais le parlement de Dijon ayant rejeté les dépositions des témoins instrumentaires, la donation fut confirmée par arrêt du 15 mai 1756.

» Autre arrêt du parlement de Dijon dans l'espèce suivante :

» François Tronquet, mort le 17 février 1648, âgé de vingt-deux ans, avait fait un testament le même jour de son décès ; il avait institué son oncle son héritier universel, et n'avait légué que la somme de 10 liv. à chacune de ses sœurs. Elles formèrent une inscription de faux : les moyens furent, 1.° que, dans le temps de la rédaction du testament, le testateur était en délire ; 2.° que les témoins n'avaient pas été présens tous ensemble ; qu'aussitôt que le notaire était arrivé, il avait commencé le testament, et que les témoins étaient arrivés ensuite séparément, après que l'acte était beaucoup avancé ; 3.° que le testateur n'avait prononcé aucune parole de son testament, et que les témoins n'avaient entendu nommer l'héritier que par le notaire ; 4.° que François Tronquet, institué héritier, et sa femme, allaient tour à tour auprès du malade, et revenaient dire au notaire ce qu'il fallait écrire ; 5.° que l'un des témoins avait conduit la main du testateur pour le faire signer. — Ces moyens de faux ayant été admis par sentence du 13 février 1754, il y eut information composée de dix témoins : il en résultait que le testament avait été fait en l'absence des témoins, qui n'avaient pas entendu le testateur déclarer ses volontés. — Mais ces témoins étaient ceux qui avaient signé le testament ; les huit autres n'avaient déposé que ce qu'ils avaient ouï-dire aux témoins du testament.

» Sur l'appel de la sentence du juge des lieux, il en intervint une qui confirma la première, avec dépens, en déclarant le testament faux. — Mais le parlement de Dijon, par arrêt du 11 août 1759, la réforma, et renvoya Trouquet aux dépens de l'accusation contre lui formée, et ordonna que le testament serait exécuté selon sa forme et teneur ».

On voit par ces arrêts que la jurisprudence du parlement de Dijon est conforme à celle du parlement de Paris, et que, suivant cette jurisprudence, les aveux des témoins instrumentaires n'empêchent pas que les testamens ne soient confirmés et déclarés valables : il faut, dit Serpillon, qu'ils soient soutenus par les dépositions d'autres témoins étrangers, qui établissent de fortes présomptions de la fausseté des testamens.

A l'appui de cette jurisprudence, on peut encore citer l'arrêt du parlement d'Aix, du 16 juin 1753, rapporté par Montvallon, dans son *Traité des successions*, pag. 473.

Vedel, dans ses *Observations* sur Catellan, liv. 2, chap. 10, s'est occupé de la question, si les témoins numéraires du testament peuvent être admis pour la preuve du faux commis par le notaire, qui a affirmé, contre la vérité, leur présence lorsque le testateur a dicté ses dispositions. Voici comment cet auteur résout la question :

« Les témoins numéraires d'un testament sont des témoins nécessaires pour le fait sus-énoncé, car par quels autres témoins peut-on prouver la fausse énonciation du notaire ? Il faut épuiser tout le voisinage d'un testateur pour avoir six ou sept témoins requis dans les pays de droit écrit; et si les témoins numéraires n'étaient admis pour ce fait, le crime demeurerait impuni, et le notaire serait presque toujours sûr de triompher de son imposture, et la sage disposition de l'ordonnance serait éludée, sans qu'il serve d'alléguer ici que les témoins numéraires, ayant engagé leur foi par la signature du testament, et certifié le fait énoncé par le notaire, ne peuvent aller contre, et être ouïs dans la procédure du faux, dont ils sont complices eux-mêmes par leur signature.

» Je crois qu'il faut, d'abord, distinguer le faux d'avec la fraude et la simulation d'un acte : suivant Dumoulin, sur la *Coutume de Nivernais, cap.* 21, *du Retrait lignager*, art. 3, *aliud merum falsum, aliud fraus, aliud simulatio*. Le contrat simulé, et la fraude qui s'y est glissée, ne peuvent être prouvés par les témoins numéraires du contrat, parce que leur foi était engagée par la signature; et il faut employer pour le fait d'autres témoins, n'étant pas nécessaire de passer à l'inscription en faux, suivant les arrêts rapportés par Heron sur l'art. 54 de l'ordonnance de Moulins; mais à l'égard du faux dont il s'agit ici, comme c'est proprement le fait du notaire, à qui seul appartient de rédiger le testament, dans lequel il fait la fonction de ministre et de juge chartulaire; que, d'ailleurs, il est de l'intérêt public que le faux ne demeure point impuni, et qu'enfin les témoins du testament étant des témoins nécessaires pour le même fait, rien n'empêche que les témoins ne soient ouïs contre lui. C'est la décision de Matthæus, sur la *Quest.* 504 de Guypape :

qui instrumentum infirmari contendunt, ex eo quod error in eo irrepsit, vel quod rei series aliter contigerit quàm quod tabellio profitetur, duorum testium fidem et religionem exhibere debent; illis enim fide dignis, et omni exceptione majoribus plus creditur quàm notario, cujus auctoritas, etsi publicâ sit, duobus integris testibus non debet præferri; quod si testes hujusmodi descripti fuerint in instrumento publico, validiores erunt ad illius evertendam fidem publicam. Si les témoins numéraires sont exclus pour le fait de la simulation d'un contrat, c'est qu'il ne s'agit alors que d'un intérêt particulier, et que, d'ailleurs, la preuve s'en fait civilement; mais lorsqu'il est question d'un crime de faux commis dans un testament par le notaire, l'intérêt public exige d'en poursuivre rigoureusement la punition par voie extraordinaire; les témoins, dans le cas dont il s'agit ici, ne sont point participans du faux commis par le notaire, puisqu'il est question pour lui de remplir la formalité prescrite par l'art. 5, qui regarde son ministère, et non celui des témoins, qui ne peuvent être envisagés comme complices du faux, n'étant pas préposés pour rédiger le testament en la forme prescrite par l'art. 5, étant sensible qu'ils ont, par surprise ou ignorance, prêté leur signature ».

Le président Faber, dans son *Code*, liv. 9, tit. 13, déf. 3, est du même sentiment. Ce commentateur, après avoir établi en principe, que, tant qu'il n'y a pas d'inscription de faux, l'acte authentique mérite une foi pleine et entière, ajoute : *sed post institutam accusationem solemnemque inscrip-*

tionem, cùm vix nisi per testes falsitas probari possit, magis est ut testibus instrumentariis quàm notario, vel instrumento, credatur, si vel omnes, vel majori ex parte, ab instrumenti scripturâ dissentiant.

M. Merlin, *Repert. de jurisp.*, v.° *Témoin instrumentaire*, § 2, n.° 7, pense aussi que les témoins instrumentaires peuvent, dans ces sortes de cas, être entendus, et que leurs dépositions suffisent pour motiver des poursuites ultérieures, à l'effet de constater le faux du testament : cette opinion est étayée d'un arrêt, qu'il rapporte, de la cour de cassation, du 1.er avril 1808.

ANNOTATIONS.

La jurisprudence établie par les arrêts rapportés ou mentionnés par M. de Laviguerie peut-elle encore être une règle sous l'empire de nos lois nouvelles ?

Pour soutenir que les témoins instrumentaires ne peuvent être admis à déposer contre un fait attesté par leur propre signature, on peut invoquer les arrêts de la cour royale de Paris, du 5 juin 1817, M. Sirey, 1818-2-35; de la cour de cassation, du 17 décembre 1818, *Journal du palais*, tom. 20, pag. 789, *nouv. édit.*, et M. Sirey, 1819-1-284; de la cour royale de Riom, du 17 mars 1819, M. Sirey, 1819-2-261; de la cour royale de Toulouse, du 26 mai 1829, *Mémorial*, tom. 19, pag. 104, et *Journal du palais*, tom. 1 de 1830, pag. 357. L'un des considérans du jugement rendu par le tribunal civil de Pamiers, et dont les motifs furent adoptés en entier par la cour de Toulouse, était ainsi conçu : « attendu qu'il serait d'une immoralité profonde d'admettre pour témoins, à l'effet de détruire un acte » de dernière volonté, ceux-là même qui, par leur souscription » à cet acte, en ont attesté la sincérité ; que, d'ailleurs, un acte » revêtu des formalités substantielles qui en constituent l'effet, et » qui prouve leur exécution, fait par lui-même preuve de cette » exécution, et, comme s'expliquent les interprètes du droit, *facit*

» *probationem per se*; que, d'un autre côté, ce moyen de faux » est classé par la jurisprudence des anciennes cours dans le » nombre des moyens de faux dénommés intellectuels, lesquels » ont été constamment proscrits, et cela, parce que la preuve » testimoniale de l'omission d'une formalité survenue dans l'acte » dont elle forme la nature est trop fragile, et sujette à des » inconvéniens trop graves, pour pouvoir être admise, et qu'il » serait facile, avec des témoins complaisans, et même achetés, » de renverser l'acte le plus solennel que la loi confie à la volonté » de l'homme, pour disposer, même lorsqu'il n'est plus, de ses » biens; qu'ainsi, ce moyen doit être rejeté ».

La doctrine contraire est professée par M. Merlin, *Quest. de droit, loc. cit.*; par M. Toullier, tom. 9, n.° 312, pag. 489. Ces auteurs enseignent que l'ancienne jurisprudence, qui rejetait la déposition des témoins instrumentaires, ne peut plus s'accorder avec les principes de la législation actuelle, qui admet à déposer, tant en matière criminelle, qu'en matière civile, tous les témoins qu'aucune loi expresse ne repousse. Et cette opinion a été adoptée par trois arrêts, l'un de la cour royale d'Angers, du 21 mars 1815, M. Sirey, 1817-2-16; l'autre, de la cour royale de Toulouse, du 4 février 1820, *Mémorial*, tom. 1, pag. 198; le troisième, de la cour royale de Caen, du 15 janvier 1823, *Journal du palais*, tom. 3 de 1824, pag. 264; et M. Sirey, 1824-2-269. Voyez, aussi, le *Répert. de la jurisprudence du notariat*, v.° *Acte notarié*, § 9, et v.° *Faux*, § 4, n.° 113.

FEMME. — PROVISION ALIMENTAIRE. — CRÉANCIER. — DÉNONCE D'HYPOTHÈQUE. — PRÉFÉRENCE.

La femme qui demande une provision alimentaire, pendant procès, sur les revenus des biens saisis au préjudice de son mari, doit-elle être préférée au créancier qui, à l'époque de son mariage, lui avait fait dénonce d'hypothèque?

LE sieur Dominique Saubat ayant contracté mariage avec la demoiselle Paule de Galinier, un de ses créanciers fit dénonce d'hypothèque à sa fiancée.

Long-temps après les biens de Dominique et d'Arnaud Saubat frères furent mis en générale distribution ; et la dame Paule de Galinier demanda une provision alimentaire de 400 liv., à prendre sur les plus clairs et liquides effets et revenus des biens saisis au préjudice de Dominique Saubat, son époux : le créancier qui avait fait la dénonce forme opposition, sur le motif que les fruits devaient accroître à la distribution, et que lui, créancier, devait être préféré à la femme, tant pour les intérêts de sa créance, que pour le capital ; car s'il en était autrement, et pour peu que le procès durât, la femme se trouverait avoir été préférée pour les intérêts, puisqu'elle aurait perçu une provision qu'il ne pourrait pas répéter.

L'affaire portée en la grand'chambre, il y eut difficulté ; mais elle fut résolue en faveur de Paule de Galinier, d'après la maxime, que la dot représentant les alimens, on doit accorder une provision à la femme pendant procès. Voici l'arrêt qui intervint, le 26 mars 1736, au rapport de M. de Lafont-Vedelly : « la cour a adjugé à ladite Galinier la » somme de 150 liv. de provision alimentaire pour » une année, à prendre sur la moitié des loyers de » la maison dudit Dominique Saubat, son mari ; et » au cas la moitié des loyers de la maison dont est » question ne serait pas suffisante pour le payement » de ladite provision, il sera procédé au partage et » à la vente de la moitié des meubles saisis, appar- » tenant audit Dominique Saubat, pour le prix en » provenant être employé au payement de la provi- » sion, et le surplus être remis devers le greffe de la » cour, pour faire fonds au payement des créances,

» etc. ; joint les autres demandes, fins et conclu» sions des parties à l'instance principale, pour, » en la jugeant, être fait droit aux parties ainsi » qu'il appartiendra, avec dépens ».

Cette décision est contraire à la jurisprudence que le parlement avait suivie jusqu'alors. — M. de Juin rapporte, dans le *Journal du palais*, tom. 5, pag. 435, un arrêt du 10 mai 1734, qui a jugé que les pupilles obtiennent une provision sur les biens de leurs tuteurs généralement saisis ; mais M. de Juin observe « que ce privilège de provision ne s'accorde » guère qu'à la femme, et, même, ce n'est que dans » le cas où il n'y a point de créanciers antérieurs à » son mariage qui aient dénoncé leur hypothèque ; » car audit cas d'un créancier qui a fait la dénonce » d'hypothèque à la femme, elle n'obtient point de » provision, si ce créancier s'y oppose ».

Catellan, liv. 4, chap. 33, *in fine*, tom. 2, pag. 87, rapporte un arrêt conforme ; voici comment s'exprime ce magistrat : « de ce que nous venons » de dire, il paraît que l'effet de la dénonce des » créanciers est de priver la femme de son privilège » à leur égard ; on lui refuse même toute provision » pendant procès, s'il y a des créanciers qui aient » dénoncé, parce qu'ayant perdu son privilège à » leur égard, ils peuvent s'opposer à la provision : » ainsi, dans la distribution des biens du nommé » Baillon, Catherine Amalric, sa veuve, ayant » obtenu une provision à concurrence des intérêts de » sa dot, et fait saisir les fruits, les créanciers qui » avaient dénoncé, s'opposant à l'exécution de l'arrêt, » et à la vente qu'elle demandait pour le payement

» de cette provision, la requête de celle femme fut » jointe au principal par arrêt du 27 janvier 1680, » en la grand'chambre, au rapport de M. d'Aute» rive ».

FENÊTRES. — Voyez *Servitude*.

FIDÉICOMMIS TACITE.—PREUVE TESTIMONIALE.—FRAUDE.

La preuve testimoniale est-elle admissible, lorsqu'il s'agit d'établir un fidéicommis tacite fait en fraude de la loi ? — OUI.

L'EXÉCUTION des lois qui ont prononcé des incapacités contre certaines personnes exige impérieusement le concours de la preuve testimoniale, pour établir les fraudes ayant pour objet d'éluder les prohibitions légales; ces sortes de fraude se pratiquant toujours dans le mystère, entre le testateur et la personne interposée, on ne parviendrait jamais à les établir, et les lois seraient sans vigueur, si la preuve testimoniale était proscrite; ce n'est que par son secours que l'on peut être initié dans le secret de ces combinaisons frauduleuses dont le résultat porte de si graves atteintes à la paix et à la prospérité des familles; il y a donc nécessité de recourir à la preuve testimoniale, sur-tout lorsqu'il s'agit de découvrir la fraude en matière de fidéicommis tacite; c'est l'observation de Mantica, *de conjecturis*, lib. 10, tit. 4, n.° 9 : *item dico quod præsumptiones verisimiles hoc etiam probant quod fideicommissum tacitum in fraudem legis fuerit relictum, nam uterque, scilicet testator, et is qui tacitè rogatur, hoc agit ut legi fraudem faciat; fraudes autem probantur*

bantur ex conjecturis, quia potiùs sunt animi quàm facti.

On peut dire, aussi, que, lorsqu'il s'agit d'établir un fidéicommis fait en fraude de la loi, la preuve testimoniale doit être admise, parce que ce genre de fraude, blessant les bonnes mœurs, en même temps que la loi, tombe dans la classe des délits ; et l'on sait que ce n'est que par la preuve testimoniale que l'on peut constater les délits.

La question fut jugée d'après ces principes par les arrêts suivans :

1.° 14 août 1758, arrêt en faveur du sieur Duclaux contre le sieur Davessens.

2.° 6 août 1761, arrêt, au rapport de M. de Vaysse, en faveur des demoiselles Martial contre M. Suggier, chanoine d'Alais.

Dans l'espèce de ces deux arrêts, il n'y avait aucun commencement de preuve par écrit.

3.° 12 mai 1770, au rapport de M. l'abbé de Carrère, arrêt en faveur de Marie Rougé contre le sieur François Pradelles, charpentier, et contre M.e Vernhes, procureur au sénéchal de Figeac : cet arrêt cassa un testament fait par Anne Vaissié, le 17 mai 1766, en faveur de François Pradelles, mari de sa fille naturelle, et admit Marie Rougé, qui était la plus proche parente d'Anne Vaissié, à prouver qu'un testament fait par celle-ci le 24 février 1766, deux mois et demi avant celui du 17 mai, et par lequel M.e Vernhes était institué héritier général d'Anne Vaissié, n'avait eu pour objet que de faire passer l'hérédité de celle-ci à la femme de François Pradelles, fille naturelle de la testatrice ;

que l'institution faite en faveur de Vernhes était une institution frauduleuse, puisqu'elle n'avait eu autre chose en vue que de gratifier un enfant naturel contre la prohibition des lois, et au préjudice des héritiers du sang.

Il y a des auteurs qui pensent que la preuve par témoins d'un fidéicommis verbal ne peut être ordonnée que lorsqu'il y a un commencement de preuve par écrit, ou des faits évidens qui indiquent le fidéicommis tacite, ou, tout au moins, des conjectures apparentes. Voy. Danty sur Boiceau, *Traité de la preuve par témoins*, pag. 395, n.os 114 et 115; Barry, *de success.*, lib. 1, tit. 9, n.° 42; Mantica, *de conjecturis*, lib. 10, tit. 4, n.° 9; Serres, *Instit.*, lib. 2, tit. 23, § 1; Guyot, au *Répert. de jurisp.*, v.° *Fidéicommis tacite*, in fine.

Suivant M. Merlin, *ibid.*, n.° 3, ce n'est point sur des conjectures, mais sur des preuves ou des présomptions violentes de l'intention du testateur, qu'on doit établir un fidéicommis tacite.

Les auteurs du *nouveau Denisart*, v.° *fidéicommis*, § 2, n.° 3, disent : « il ne nous paraît pas douteux que, si l'on articulait des faits bien concluans pour prouver un fidéicommis tacite; si, par exemple, on demandait à prouver que la convention verbale du fidéicommis a été faite entre le testateur et le légataire, en présence de quatre témoins, que l'on nommerait, la preuve ne dût être admise ».

Au § 3, n.° 1, ils s'expriment ainsi : « on distingue, en droit, la présomption de droit, qui sert de preuve, et la présomption simple, qui n'est qu'un adminicule, c'est-à-dire, qui sert à composer ou à compléter une preuve ; lorsque plusieurs présomptions de cette espèce se réunissent, elles servent de preuve. C'est sur des présomptions de cette seconde espèce que l'on se fonde ordinairement pour en tirer la preuve du fidéicommis tacite ». Dans ces sortes d'affaires, les circonstances doivent exercer une grande influence. Un arrêt du parlement, rendu à l'audience de la grand'chambre, le 26 juin 1764, débouta madame la présidente de Caussade de la preuve de plusieurs faits qu'elle alléguait pour établir que l'un de ses parens, héritier institué dans le testament du sieur Calvet, n'était qu'un prête-nom chargé d'un fidéicommis tacite frauduleux : le principal motif de l'arrêt fut, qu'en l'absence de présomptions graves, précises et concordantes, il serait trop dangereux d'abandonner le sort d'un testament à la disposition de deux témoins qui pourraient facilement être subornés.

ANNOTATIONS.

Le code frappe de nullité les donations indirectes, déguisées sous la forme d'un fidéicommis, lorsqu'elles ont pour objet d'avantager un incapable ; mais lorsqu'elles sont au profit d'une personne capable de recevoir, elles ont la même force que les donations directes, pourvu qu'elles ne dégénèrent pas en substitutions ; mais elles sont susceptibles de réduction, à concurrence de la portion disponible. M. Toullier, tom. 4, pag. 471, n.° 473 ; M. Rolland de Villargues, *Traité des substitutions prohibées*, et *Répert. de la jurisp. du notariat*, n.° 3 ; *Répert.* de M. Favard de Langlade, v.° *Fidéicommis tacite* ; Chabot, *Questions transitoires*, v.° *Donations déguisées*, §§ 4 et 5 ; arrêts des cours de Bruxelles, du 28 mars 1810, *Journal du palais*, tom. 11, pag. 303 ; de Paris, du 31 juillet 1819, même Recueil, tom. 1 de 1820, pag. 266, anc. coll. ; de Caen, du 31 janvier 1827, même Recueil, tom. 1 de 1828, pag. 447.

*

Mais lorsqu'il s'agit d'un fidéicommis tacite au profit d'un incapable, quel genre de *preuve* peut-on admettre pour en établir l'existence?

M. Rolland de Villargues, *Répert.*, n.° 12, répond : « le fidéicommis tacite, fait au profit d'incapables, est une *fraude* faite » à la loi; or, cela suffit pour qu'il puisse être établi par tous » les genres de preuve reçue en justice : par la preuve littérale, » par la preuve testimoniale, par l'aveu de la partie, en la faisant » interroger sur faits et articles, ou en lui déférant le serment; » enfin, par des présomptions graves, précises et concordantes : » la jurisprudence des arrêts est, d'ailleurs, bien constante sur » ce point; on peut consulter, pour l'ancienne jurisprudence, le » nouveau Denisart, v.° *Fidéicommis tacite*, et nous citerons un » arrêt de la cour de cassation, du 18 mars 1818, affaire *Cognac*, » qui a jugé que la preuve d'un fidéicommis tacite, sous l'empire » du code civil, peut être établie par interrogatoire sur faits et » articles ».

Mais ceux au profit de qui un fidéicommis tacite a été fait, et qui, d'ailleurs, ne sont pas frappés d'une incapacité légale de recevoir, doivent s'en rapporter à la foi de celui qui a été nommé par le disposant, sans pouvoir demander à faire preuve de l'existence du fidéicommis. Telle est encore l'opinion de M. Rolland de Villargues, v.° *Fidéicommis tacite*, du *Répertoire* de M. Favard : « en effet, dit-il, lors même qu'il s'agit de dispositions licites, la loi ne reconnaît que celles qui ont été consignées dans un acte revêtu des formes qu'elle exige pour en assurer l'exécution : or, prétendre qu'un testateur, par exemple, a chargé en secret celui qu'il a nommé son héritier de remettre la chose à un autre, et demander à faire preuve de ce fait, c'est vouloir mettre à la place d'une disposition écrite, et revêtue des formalités exigées par la loi, une disposition non écrite, que la jurisprudence française a constamment désavouée; que le code civil repousse dans une foule de dispositions, soit lorsqu'il règle la forme des divers testamens, soit lorsqu'il dit que les testamens ne peuvent être révoqués, en tout ou en partie, que par un testament postérieur, ou par un acte devant notaire, portant déclaration de changement de volonté (art. 1035); aussi la cour de cassation a jugé, le 28 décembre 1818, dans l'affaire *Bruère* (voy. le *Journal du palais*, tom. 1 de 1820, *loc. cit.*), que la preuve testimoniale est inadmissible, en matière de testament ou de donation, non-seulement pour établir l'existence de dispositions qui ne sont pas écrites ; mais, même, pour expliquer celles qui sont obscures ».

L'opinion de M. Rolland de Villargues a été consacrée d'une manière précise par l'arrêt de la cour royale de Paris, du 31 juillet 1819, indiqué *suprà* : on lit dans cet arrêt « que le fidéicommis tacite, allégué par les intimés, et qui aurait pour objet de charger le légataire universel de partager la succession entre les héritiers, serait une disposition prohibée par la loi ; que cette disposition testamentaire licite *ne peut s'établir par la preuve testimoniale* ».

FIDUCIE. — Caractère.

Qu'est-ce qu'une fiducie ?
Ce mode de disposer est-il admis par la législation actuelle ?
Quels sont les droits et les obligations de l'héritier fiduciaire ?

Cette matière est difficile : je l'ai étudiée avec soin. Voici le résultat de mes recherches. C'est, surtout, dans des questions de ce genre que les opinions des auteurs sont d'un grand poids.

Ferrière, *Tract. varii*, cap. 55, définit ainsi l'héritier fiduciaire : *fiduciarium hæredem vocamus eum cui testator bona commisit, ut, post certum tempus, reddat alicui quem non satis idoneum credidit ad administranda, vel propter teneram ætatem, vel animi imbecillitatem, aut aliam ob causam.*

Suivant Thévenot-Dessaule, *des Substit.*, n.° 541, « le grevé est héritier fiduciaire, quand il paraît » que la restitution du fidéicommis n'a été différée » par le testateur que pour l'avantage du substitué ;... » en telle sorte que le testateur ait entendu confier » l'*administration* au grevé dans l'intervalle, pour » ainsi dire, à titre de tutelle ».

M. Merlin, en son *Répert. de jurisp.*, v.° *fidu-*

ciaire (héritier), dit : « dans l'usage, les mots » *héritier fiduciaire* désignent la personne que le » testateur a chargée, *en l'instituant héritier pour la* » *forme*, d'administrer la succession, et de la tenir » *en dépôt*, jusqu'au moment où elle doit être remise » au véritable héritier ».

L'héritier fiduciaire est donc considéré par la loi comme un simple tuteur et administrateur des biens de l'hérédité ; c'est une tutelle prolongée pour l'intérêt même de celui qui est appelé pour recueillir. C'est ce qui fait dire à Peregrinus, *de fideicommissis*, art. 3, n.° 19 : *his concurrentibus, hæres scriptus potiùs utì custos et minister, quàm utì hæres electus censetur*.

Mais à quels signes peut-on reconnaître une fiducie, et la distinguer d'une institution grevée de substitution fidéicommissaire ?

La fiducie peut-être expresse, ou tacite : elle est expresse, lorsque le testateur déclare qu'il nomme un tel *son héritier fiduciaire*, comme dans l'espèce de la loi 46, ff *ad S. C. Trebell. Seïus Saturninus testamento fiduciarium reliquit hæredem Valerium maximum* ; ce qu'elle répète par ces mots, *ad Valerium hæredem fiduciarium*, et par ces autres, *fiduciaria hæreditas*.

La fiducie est tacite, lorsque, par le concours des circonstances, on peut juger que le testateur n'a voulu confier à celui qu'il a nommé son héritier qu'une simple administration pour l'intérêt d'un autre, à qui l'hérédité doit toujours appartenir ; c'est l'espèce de la loi 3, § 3, ff *de usuris*, dont voici les termes : *cùm Pollidius, à propinquâ suâ hæres institutus, rogatus fuisset filiæ mulieris, quidquid ex bonis ejus ad se pervenisset, cùm certam ætatem complesset, restituere, idque sibi mater ideò placuisse testamento comprehendisset, ne filiæ tutoribus, sed potiùs necessitudini res committerentur.*

Il n'existe dans la loi romaine aucune disposition précise pour déterminer quels sont les caractères indispensables propres à reconnaître si l'institution est fiduciaire. On ne trouve dans ces lois que des exemples et des cas particuliers.

Les auteurs ont cherché à donner des règles sur cette matière.

Meynard, liv. 5, chap. 85, dit que les caractères de la fiducie sont « la qualité du substitué » estant fils du testateur, par luy en la garde de sa » mère, ou autre son plus proche et intime amy » d'iceluy testateur, mis, sans vouloir en estre rien » par eux retenu, avec charge de rendre à certain » temps. *Ce sont*, dit-il, *les trois* circonstances » requises pour faire déclarer l'héritier fiduciaire, » et quasi-dépositaire de l'*hérédité* ». Et il le prouve par un arrêt du mois de juillet 1585.

Cambolas, liv. 4, chap. 15, dit, également, que *la fiducie* se collige de trois circonstances remarquées par M. Meynard, liv. 5, chap. 85, qui sont, « 1.° » si l'héritier est proche parent au substitué, comme » si le père ou la mère sont obligés de rendre à » leurs enfans; 2.° si la quarte a été prohibée; 3.° » lorsque la restitution se doit faire à un temps » certain ». Et il cite, pour cela, un arrêt du 28 janvier 1621.

« La qualité fiduciaire, dit Lapeyrere, lett. H., » n.° 20, est présumée lorsque l'institué est ami du » défunt, le fidéicommissaire des descendans, et » que l'état et condition du fidéicommissaire a donné » lieu à la dilation de la remise des biens ».

Peregrinus, *de fideicommissis*, art. 3, n.° 19, reconnaît également la fiducie aux caractères suivans : *quod fideicommissarius sic de liberis testatoris,.... quod hæres scriptus sit amicus testatoris de quo fiduciam habuerit;.... quod conditio fideicommissarii præbuerit causam dilationis, quia impubes, vel aliter malè dispositus :.... his concurrentibus*, ajoute-t-il, *hæres scriptus potiùs utì custos et minister, quàm utì hæres electus censetur.* ».

Enfin, Serres, dans ses *Institutes*, pag. 355, dit « qu'on reconnaît l'héritier fiduciaire, qui n'est pro- » prement qu'un simple dépositaire des biens, à ces » deux ou trois circonstances ; savoir : s'il est étranger » ou collatéral, et le substitué descendant du testa- » teur ; s'il est chargé de rendre, non à sa mort (ce » serait alors un fidéicommis conditionnel), mais à » un temps ou âge fixe et certain, pendant lequel » il y aurait à craindre que le substitué ne dissipât » les biens, ou ne sût pas les administrer, à cause » de son bas âge ; et, enfin, s'il est chargé de rendre » sans distraction de quarte ». Il répète la même chose sur l'art. 20 de l'ordonnance de 1747, concernant les substitutions.

On peut voir, aussi, Henrys, liv. 3, quest. 22 ; liv. 5, quest. 14 ; Despeysses, tom. 2, pag. 158 et 159, édit. de 1666 ; Bretonnier sur Henrys, liv. 5, question 77 ; Mornac, sur la loi 46, ff *ad S. C.*

Trebell.; Ferrière, *ubi suprà*; *Journal du palais de Toulouse*, tom. 2, pag. 227, 259 et suiv.; Decormis, tom. 1, col. 1636.

Mais une règle plus sûre que toutes celles que les auteurs ont établies sur cette matière, est que, pour déclarer l'institution fiduciaire, il faut interpréter la volonté du testateur, et s'assurer, d'après les circonstances, de ses véritables intentions.

C'est, en effet, un principe reconnu dans tous les temps, que, dans les testamens, on doit rechercher la pensée, l'intention du testateur; et ce principe est fondé en raison, parce que la volonté du testateur fait la loi du testament : *dicat testator, et erit lex voluntas ejus*.

C'est de cet axiome qu'est née la règle générale que, dans l'interprétation d'un testament, on ne doit pas s'arrêter d'une manière absolue à la signification naturelle des expressions employées par le testateur, parce qu'il arrive souvent que le testateur n'a pas connu toute l'étendue des termes dont il s'est servi, comme dit la loi 69, § 1, ff. *de legat.* 2.°

C'est aussi la doctrine de Godefroy, dans ses notes sur la loi 77, § 20, ff *eod.* : *fideicommissa ampliantur, restringuntur, extenduntur, declarantur, et limitantur per rationem et causam propterquam testator motus fuit ad fideicommissum ita faciendum; adeò ut talis ratio potiùs attendi debeat, quàm verba expressa.*

C'est d'après ce principe général qu'il a été établi qu'on devait convertir, dans certains cas, en simple institution fiduciaire l'institution d'héritier faite sous une charge de substitution.

Ainsi, toutes les fois qu'on trouvera dans le testament des présomptions suffisantes, que l'enfant substitué par le père était l'objet de sa prédilection, et que c'était, aussi, pour l'utilité personnelle de cet enfant que le père avait institué la mère, ou un proche parent de l'enfant, à la charge de rendre à celui-ci, il faudra déclarer que la disposition n'est qu'une fiducie ; que l'enfant est le véritable héritier ; que la mère n'en a que le nom, pour pouvoir administrer les biens dans l'intérêt de l'enfant avec une plus grande latitude.

Henrys, liv. 3, quest. 22, dit que, « comme l'institution fiduciaire est toute conjecturale, et qu'elle dépend des termes du testament, c'est aussi de la prudence des juges à juger quelle a été l'intention du testateur, et s'il a plutôt voulu instituer la mère pour les enfans, et à leur considération, que pour elle-même ».

Montvallon, *Traité des successions*, tom. 1, pag. 244, dit aussi : « les auteurs conviennent que la fiducie se doit connaître par les termes du testament et la volonté présumée du testateur, sur-tout quand il paraît que pareille institution est faite pour conserver l'hoirie à un enfant, à un pupille, ou à celui qui est en bas âge ».

Ce principe a été consacré par arrêt de la cour de cassation, du 23 novembre 1807, M. Sirey, 1808-1-105. Voyez, aussi, M. Merlin, *Répert. de jurisp.*, *loc. dict.*; M. Rolland de Villargues, *des Substitutions prohibées*, n.° 134.

Decormis, dans son *Recueil de consultations*, tom. 1, col. 1636, observe que tous les auteurs ont requis, pour marque de l'institution fiduciaire, la circonstance de la remise des biens à temps certain. Il cite Henrys, liv. 5, quest. 14.

Meynard, liv. 5, chap. 85, et le journaliste du palais de Toulouse, tom. 2, pag. 258, rapportent aussi deux arrêts des .... juillet 1585 et 12 février 1700, qui jugèrent qu'il n'y avait pas fiducie, lorsque le délai pour la remise était portée jusqu'à la mort de l'institué. « Et, dans le fait, ajoute M. » Merlin, *loc. dict.*, les lois romaines, que nous avons » transcrites ci-dessus, supposent toutes que la » remise doit être faite avant que l'appelé ait atteint, » ou sa quinzième, ou sa seizième, ou sa vingt-» cinquième année, ou, du moins, un âge déter-» miné, *certam ætatem* ».

Montvallon, *loc. cit.*, pag. 243, rapporte, cependant, deux arrêts du parlement de Provence, qui ont admis la fiducie, quoique la mère, instituée héritière, eût été chargée de rendre à sa mort. Aussi cet auteur a-t-il observé, à la page 237, que, « quand la mère est héritière du père, on présume » aisément qu'elle n'est que fiduciaire ». Et l'on peut dire que cette observation est fondée sur un grand principe d'équité, parce qu'on ne peut pas supposer raisonnablement que l'intention du père ait été de priver de sa succession un enfant en bas âge, sur-tout lorsqu'il charge la mère de lui rendre l'hérédité, s'il le mérite par sa conduite. L'arrêt de la cour de cassation, que j'ai déjà cité, a jugé qu'une disposition par laquelle un père, ayant des enfans mineurs, a disposé en faveur de son frère, à charge de remettre à ses enfans, sans fixer d'époque à la remise, pouvait être qualifiée fiducie.

De toute cette doctrine il résulte clairement que l'héritier fiduciaire n'est héritier que de nom ; qu'il n'est pas saisi de la succession ; que ce n'est pas sur sa tête, mais sur celle du véritable héritier que repose la propriété des biens du défunt, du moment même du décès du testateur ; en sorte que si l'héritier réel vient à décéder avant l'époque fixée pour la remise de l'hérédité, il transporte la propriété des biens qu'on devait lui rendre à ses héritiers, soit naturels, soit testamentaires. *Leg.* 46, ff *ad S. C. Treb.*; M. de Juin, *Journal du palais*, tom. 5, pag. 160; Furgole, sur l'art. 20, tit. 1, de l'ordonnance de 1747; M. Merlin, *Répert. de jurisp.*, v.° *Fiduciaire.*

Ces principes ont été confirmés par deux arrêts du parlement, dont voici les espèces :

1. Jean-Pierre Laville avait fait, le 11 janvier 1753, un testament, par lequel, après avoir institué ses deux filles en leur légitime, il institua pour ses héritières générales et universelles Marie Arnal, sa mère, et Marie Boudet, sa femme, *à la charge et condition par elles de rendre et restituer, sans aucune distraction de quarte, que ledit testateur prohibe par exprès, son entière hérédité, ou la moitié d'icelle, à leur choix, à une de ses filles, lorsque celle qu'il leur plaira choisir pour recueillir son hérédité aura atteint l'âge de vingt-cinq ans, ou viendra à se marier.*

Les deux filles ne survécurent qu'environ deux ans à leur père ; ce qui donna lieu à une contestation entre Marie Arnal et Marie Boudet, pour savoir si l'entière succession devait appartenir à cette dernière, comme étant la propriété des biens qui avaient appartenu à ses filles, depuis le décès de Laville, leur père, puisque le testament de ce dernier ne contenait qu'une fiducie; ou si, au contraire, la propriété ayant résidé sur la tête de deux héritières grevées, elles ne devaient point partager l'hérédité, sauf la distraction du tiers des biens en faveur de la mère pour la légitime des filles.

Marie Boudet soutint que la disposition était purement fiduciaire, et se mit en possession de tous les biens. Jean Laville, héritier de Marie Arnal, l'assigna devant le sénéchal de Toulouse, ainsi qu'Antoine Navech, son second mari, en délaissement du tiers des biens; et cette demande fut accueillie par une sentence du 13 juin 1772; mais la cour, par arrêt rendu le 1.er juillet 1773, au rapport de M. d'Olive, réformant cette sentence, relaxa Navech et Marie Boudet, avec dépens. On voit, par cet arrêt, qu'il fut jugé que l'institution à charge de rendre n'était, dans les circonstances, qu'un dépôt qui n'attribuait point aux héritières nommées les droits et les avantages qui dépendent de l'institution héréditaire, et que cette qualité n'appartenait véritablement qu'aux filles du testateur. M. Arexy avait instruit pour les mariés Navech.

2. M. Clément de Long fit son testament olographe le 3 novembre 1745, en ces termes: « je déclare » que j'ai de mon mariage avec dame Jacquette de » Redon six enfans; savoir: Marie-Jean-François- » Clément, Marie, Jean-Denis-Pons-Alexandre,

» Marie-Françoise-Claire-Éléonore, Marc-Antoine, » et Marie-Augustin-Jean-Chrysostôme, à chacun » desquels je donne et lègue la légitime telle que » de droit, les instituant en ce mes héritiers par» ticuliers. Je les substitue pupillairement et réci» proquement, l'ordre de masculinité et primogé» niture observé; et en tous et chacun mes biens, » noms, voix, droits et actions, j'institue pour mes » héritiers dame Marie de Tournier, ma mère, et » dame Jacquette de Redon, mon épouse, chacune » en la moitié, les substituant réciproquement, et » les priant de rendre mon entière hérédité, sans » distraction de quarte, que je prohibe par exprès, » *à celui de mes enfans mâles qui parviendra à l'âge* » *de vingt-cinq ans, et dès qu'il y sera parvenu*, et, » à leur défaut, aux deux filles par égales portions. » Je veux et entends que mes enfans soient nourris » et entretenus, suivant leur condition, aux dépens » de mes biens, et qu'ils ne puissent demander leur » légitime qu'à l'âge de vingt-cinq ans; laquelle je » charge celui auquel l'hérédité sera remise de leur » payer en argent, sans intérêt jusqu'audit temps, » l'intérêt étant compensé avec l'entretien ».

Le plus âgé des enfans du testateur n'avait alors que neuf ans.

M. de Long mourut en 1757, sans avoir rien changé à cette disposition, quoique la dame de Tournier, sa mère, et la dame de Redon, son épouse, fussent décédées quelques temps auparavant.

Jean-Denis-Pons-Alexandre de Long, depuis conseiller au parlement, se trouvait à cette époque l'aîné mâle : il était âgé de dix-neuf ans ; il se mit en possession des biens. Il en jouit sans trouble jusqu'en 1769, époque à laquelle le chevalier Marc-Antoine de Long, son frère puîné, prétendit que le testament était nul ; et il fonda la nullité sur l'art. 18 de l'ordonnance de 1735, et sur l'art. 26 du tit. 1.er de celle de 1747. En effet, l'art. 18 de l'ordonnance de 1735 déclarait nulles toutes les dispositions faites dans un testament olographe au profit d'autres que des enfans ou descendans, et l'art. 26 de l'ordonnance de 1747 voulait que la caducité de l'institution emportât la caducité de la substitution fidéicommissaire : en sorte, que le système du chevalier de Long était de prétendre qu'il n'y avait jamais eu d'institution valable d'héritier dans le testament attaqué, puisqu'elle était en faveur des étrangers, qui ne pouvaient pas recueillir par un testament olographe ; et qu'en supposant cette institution valable en soi, sa caducité, par le prédécès de l'héritier institué, aurait entraîné la nullité du fidéicommis.

M. de Long aîné ne se défendit qu'en prouvant que cette institution était une véritable fiducie ; qu'ainsi, il n'y avait de véritable héritier que celui des mâles qui était parvenu, le premier, à l'âge de vingt-cinq ans.

Une sentence arbitrale rendue, par cinq avocats, le 27 mars 1769, confirma le testament, et maintint M. de Long aîné dans l'hérédité paternelle.

M. le chevalier de Long releva appel de cette sentence; mais il en fut démis par arrêt rendu le 9 juillet 1774, à la grand'chambre, au rapport de

M. de Miégeville. — M. de Lacoste avait instruit pour M. de Long aîné.

M. le chevalier de Long s'étant pourvu en cassation au conseil, sa requête fut rejetée par arrêt du 21 octobre 1776.

Le principe a été reconnu comme certain par l'arrêt de la cour de cassation, du 23 novembre 1807.

Il résulte de la doctrine consacrée par ces arrêts, que l'héritier fiduciaire ne fait pas siens les fruits de l'hérédité, et qu'il doit les rendre, avec l'hérédité même, à l'époque réglée par le testament : *leg.* 3, § 3, ff *de usur.*; *leg.* 43, § 2, ff *de legat.* 2.°; *leg.* 21, § 2, ff *de ann. legat.*; Ferrière, Decormis, Despeysses, M. Merlin, *ubi suprà*; Salviat, *Jurisprudence du parlement de Bordeaux*, pag. 287; M. Rolland de Villargues, n.° 133.

Mais l'institution cesse-t-elle d'être fiduciaire, lorsque l'héritier institué a le pouvoir d'élire entre les appelés ?

M. de Juin, dans le tom. 5, pag. 160 du *Journal du palais*, rapporte un arrêt du 18 avril 1731, qui jugea que le droit d'élire excluait la fiducie : « ce » droit d'élire, dit M. de Juin, fit conclure que » c'était un fidéicommis, et non une fiducie, parce » que ce droit d'élire faisait que l'hérédité était véri- » tablement sur la tête des héritiers nommés, et que » les enfans n'étaient que substitués ».

Un arrêt de la cour royale de Limoges, du 1.er juillet 1817, M. Sirey, 1817-2-306, a jugé aussi que le droit d'élection excluait la fiducie.

M. Sudre, dans une conférence où je fus appelé, allégua un arrêt conforme à celui du 18 avril 1731; cependant

cependant j'ai vu décider, par les meilleurs avocats du parlement, la question dans le sens opposé ; et cette dernière opinion fut consacrée par les arrêts Navech et de Long, ci-dessus rapportés : elle l'a été encore par celui de la cour de cassation, du 23 novembre 1807.

ANNOTATIONS.

La fiducie, genre de disposition testamentaire autorisée par les lois romaines, et quelquefois pratiquée dans notre ancienne jurisprudence, n'a rien de contraire aux principes de nos nouvelles lois; aussi M. Merlin et M. Rolland de Villargues, *loc. cit.*, et *Répert. de la jurisp. du notariat*, v.° *Fiducie*, n.° 1, pensent qu'elle peut toujours avoir lieu, même sous l'empire du code civil. « Aujourd'hui encore, dit M. Merlin, les fiducies peuvent avoir » lieu, quoique l'art. 896 du cod. civ., en prohibant de nouveau » les substitutions, déclare nulle toute disposition par laquelle le » donataire, l'héritier institué, ou le légataire, sera chargé de con- » server et de rendre ». « Qu'y a-t-il, en effet, dit M. Rolland » de Villargues, de plus licite, de plus conforme aux principes, » que de charger un tiers, pendant un certain temps, de l'adminis- » tration de biens dont on dispose en faveur de quelqu'un? et » qu'importe la manière dont la disposition sera conçue, si l'in- » tention du testateur a été telle? n'est-ce pas à cette intention » qu'il faut s'attacher de préférence » ?

Néanmoins, nos nouvelles lois, pas plus que les lois romaines, n'ayant point déterminé les caractères de la fiducie, il s'élevera nécessairement des difficultés sur les questions auxquelles les dispositions de cette nature pourront donner lieu.

Toutefois il résulte de la loi 78, § 3, ff *ad S.-C. Treb.*, que, pour qu'une institution soit réputée fiduciaire, il n'est pas nécessaire que celui auquel l'hérédité doit être rendue soit l'enfant du testateur, ni, même, que l'institué ou grevé soit parent du testateur : *leg.* 4 et 48, § 13 du même titre (arrêt du parlement de Bordeaux rapporté par Salviat, pag. 289), ni que celui auquel l'hérédité doit être rendue soit un enfant *en bas âge*, et tel qu'il ait besoin d'un tuteur : *leg.* 46, ff *eod. tit.*, et *leg.* 43, § 3, ff *de legat.* 2.° (M. Merlin, *loc. cit.*), ni que l'institué soit chargé de rendre l'hérédité *entière ;* il peut être autorisé à retenir un fonds ; *leg.* 3, § 3, ff *de usuris* (voyez cependant M. Merlin, *loc. cit.*), ni, enfin, que la restitution soit faite *avant la majorité*, quoique cette circonstance forme seule une présomption de fiducie : même loi, et M. Merlin, *loc. dict.*

La nouvelle jurisprudence a eu quelquefois à se prononcer sur les caractères auxquels on devait reconnaître qu'une institution était ou n'était pas fiduciaire.

Un arrêt de la cour de cassation, du 18 frimaire an 5 (M. Merlin, *loc. cit.* ; M. Sirey, 1-1-99 ; *Journal du palais*, tom. 1, pag. 598), a jugé qu'il y avait une véritable substitution, et non une simple fiducie, dans l'institution d'héritier faite à la charge de rendre l'hérédité, à la volonté de l'institué, à tel des fils ou filles du testateur qu'il jugera à propos, et sans reddition de compte. La cour suprême a pensé qu'une telle clause renfermait tous les caractères d'une vraie substitution fidéicommissaire, avec pouvoir d'élire, et non pas, seulement, une simple faculté d'élire, ou fiducie, puisque la femme du testateur, son héritière générale, se trouvait instituée directement ; qu'elle n'était point tenue de rendre l'hérédité à une époque déterminée, et que les enfans éligibles n'étaient point institués directement.

Plusieurs arrêts ont également jugé que l'absence d'un délai fixé pour la remise de l'hérédité, et la faculté d'élire, doivent être considérées comme des caractères exclusifs de la fiducie, et constitutifs, au contraire, du fidéicommis conditionnel. Voyez arrêts des cours de Nîmes, du 17 août 1808, M. Sirey 1810-2-554 ; de Toulouse, du 18 mai 1824, *Mémorial de jurisprudence*, tom. 9, pag. 118 ; et *Journal du palais*, tom. 3 de 1824, pag. 222 ; *Journal des arrêts de la cour*, tom. 8, pag. 236 ; 25 juin 1827, *Mémorial*, tom. 15, pag. 20 ; de Montpellier, du 15 juin 1824, *Journal des arrêts de la cour de Toulouse*, 9-2-125.

La fiducie est-elle *révocable* par la personne au profit de laquelle les biens doivent être gérés ? peut-on prétendre que ce n'est là qu'un mandat soumis aux régles ordinaires ?

Il ne paraît pas, dit M. Rolland de Villargues, *Répert. de la Jurisp. du notariat, loc. cit.*, qu'on l'entendît ainsi dans le droit romain, ni dans l'ancienne jurisprudence ; toutefois la question mérite d'être examinée. Voy. M. Merlin, *Répert.*, v.° *Héritier*, sect. 7, n.° 2 bis, 5.ᵉ édit.

Enfin, M. Proud'hon, dans son *Traité de l'usufruit*, n.° 249, s'exprime ainsi au sujet de la fiducie, considérée comme une sorte de mandat : « l'administrateur *ad hoc*, nommé, soit par le *tes-* » *tateur*, soit par le conseil de famille, pour la gestion des biens » légués aux mineurs, n'étant qu'un mandataire spécial, n'a que » les actions nécessaires à l'exercice de son mandat, pour ce qui » touche à l'administration qui lui est déléguée ; mais pour tout » ce qui peut excéder les bornes de cette administration, comme » pour tous autres objets, c'est le tuteur de droit qui a l'exercice » des actions des mineurs, parce que les pouvoirs dont il est revêtu » lui sont délégués à titre universel ».

FONDS SUR ET RESPONSABLE. — MAISON.

Une maison est-elle un fonds sûr et responsable? OUI.

PAR acte du 6 août 1760, Thomas Vignon subrogea Jean-François, son frère, en tous ses droits et actions, touchant l'hérédité paternelle, moyennant la somme de 1700 liv., payables dans un an, avec les intérêts, « à la charge, par Thomas Vignon, de placer ladite somme en fonds sûr et responsable pour la sureté de la dot, augment et avantages nuptiaux de son épouse ».

Thomas ayant trouvé à Toulouse une maison à sa convenance, en conclut le marché au prix de 3000 liv.; et le 14 mars 1762, il fit un acte à son frère pour lui notifier l'acquisition qu'il voulait faire, et pour le sommer, en même temps, de se trouver le jour qu'il indiqua chez un notaire pour voir consentir en sa faveur la vente de la maison, au prix de 3000 liv., et pour y porter, et lui payer la somme de 1700 liv., demeurant son offre d'employer cette somme, dans le même contrat, au payement du prix de la maison, avec subrogation à l'hypothèque des vendeurs, et de faire intervenir le sieur Decamps, son oncle, solvable, pour caution des 1300 liv. qui resteraient dues pour parfaire la totalité du prix.

Jean-François protesta, par acte, de l'insuffisance de l'emploi qu'on lui indiquait; et, cependant, il déclara que les 1700 liv. et les intérêts échus étaient déposés chez M. Bayssade, négociant de Toulouse; consentant que Thomas les en retirât, pour les placer sur un fonds sûr et responsable, c'est-à-dire, en fonds de terre, et non sur une maison, qui, selon lui, n'était pas un fonds sûr, et qui ne pouvait offrir aucune sureté, attendu qu'une maison pouvait aisément dépérir par incendie, ou par vétusté.

Sur ce refus, assignation devant le sénéchal de Toulouse. 28 août 1762, sentence qui rejette l'emploi et le cautionnement offerts par Thomas.

Appel de la part de celui-ci : si une maison, disait-il, n'est pas un fonds sûr et responsable, parce qu'elle peut périr par incendie ou vétusté, les fonds de terre ne présentent pas plus de sécurité, car ils peuvent être engloutis par un tremblement de terre, ou entièrement détériorés par une inondation : est-ce qu'il ne suffit pas que l'emploi qu'on propose soit assuré de sa nature, et suivant les règles de la prudence humaine? et doit-on, en pareil cas, prendre en considération des accidens rares, fortuits et extraordinaires, de cela seul qu'il est possible qu'ils surviennent dans un avenir plus ou moins incertain?

3 mars 1763, au rapport de M. de Lassus, arrêt par lequel Thomas gagna son procès. J'avais instruit pour lui.

FORCLUSION. — DÉLAI.

Le délai porté par un arrêt est-il réputé comminatoire, à l'effet de purger la demeure, si la forclusion n'a pas été déclarée ?

Il a été rendu au parlement plusieurs arrêts qui ont jugé que le bailleur qui avait obtenu un jugement portant condamnation, contre le locataire, au déguerpissement du fonds, par défaut du payement de la rente, à moins que, dans un délai déterminé, celui-ci ne purgeât la demeure, ne pouvait pas, cependant, se mettre en possession du fonds, après l'expiration du délai, sans avoir poursuivi une nouvelle ordonnance qui l'y autorisât, attendu que le délai est toujours réputé comminatoire. Un nouvel arrêt conforme, rendu à la grand'chambre, le 5 juillet 1786, au rapport de M. Baron de Montbel, cassa le procès-verbal de mise de possession des sieur Soulié, avocat, et dame Marianne Béart, mariés, au préjudice du sieur Jean Marty, marchand, habitant de la ville d'Albin.

M. de Juin a rapporté, au tom. 6 du *Journal du palais*, pag. 40, un arrêt du 6 mars 1736, qui jugea que les délais accordés par les arrêts sont réputés simplement comminatoires, c'est-à-dire, qu'il faut, pour rendre un délai péremptoire, se pourvoir devant le juge qui l'a accordé, et demander la forclusion : à l'appui de la doctrine consacrée par cet arrêt, M. de Juin cite la novelle 115, chap. 2; la loi *Sancimus*, cod. *de Fidejussorib.*; Papon en ses *Arrêts*, liv. 9, tit. 9, art. 1.

Cependant on trouve au même tome, page 26 du *Supplément*, un arrêt du 9 septembre 1743, qui paraît contraire.

ANNOTATIONS.

Voy. *suprà*, v.° *Clauses résolutoires*, et v.° *Délai*.

FRUITS (Restitution des).

Article premier.

FRUITS PARAPHERNAUX. — Compensation.

Le mari, qui fait l'avance de quelque capital pour sa femme, soit en réparations ou constructions, soit pour payer les dettes, est-il tenu de compenser ces avances avec les fruits qu'il retire, dans la suite, des biens paraphernaux?

Le mari qui a joui des biens paraphernaux de sa femme n'en est pas comptable; la seule tolérance de la femme suffit pour que le mari ait le droit de jouir des fruits. La femme est censée consentir à cette jouissance jusqu'à ce qu'elle témoigne une volonté contraire : *nisi evidenter dissentiat*. Voyez Ferrière sur la quest. 499 de Guypape; Despeysses, *de la Dot*, tom. 1, pag. 430; Bretonnier, *quest. alphabétiques*, v.° *Paraphernaux*.

Il a même été jugé que le mari qui a joui des biens paraphernaux n'était pas obligé de compenser les fruits qu'il a perçus avec les sommes qu'il peut avoir payées à la décharge de la femme, à moins qu'il ne résulte des actes que ces payemens ont été faits au moyen des fruits des biens paraphernaux.

1. Jean Eudé avait été marié avec Cathérine Gasc. Le mari avait joui des biens paraphernaux de la femme, et avait payé des créances de cette dernière pour une somme de 5487 liv. Après son décès et celui de sa femme, les héritiers de celle-ci prétendirent que les héritiers du mari devaient précompter les fruits paraphernaux, dont ce dernier avait joui. L'arrêt qui fut rendu, le 1.er septembre 1751, au rapport de M. de Monserrat, condamna cette prétention.

2. 31 mai 1774, arrêt conforme, portant homologation d'une sentence arbitrale rendue, le 9 septembre 1772, par MM. Chabanettes, Arexy et mon père, en faveur de la dame Ponche contre la dame Duret.

Cette jurisprudence est fondée sur cette considération, que, lorsque la femme consent que son mari jouisse des biens paraphernaux, c'est dans la vue de procurer un surcroît d'aisance au ménage commun; et, dans ce cas, le mari en jouit avec la même plénitude que des biens dotaux. C'est l'observation de Ferrière, *loc. dict.*, pag. 408; et comme la loi autorise le mari à répéter les impenses utiles pour la conservation des biens dotaux, et le payement des dettes qu'il a effectué à la libération de la femme, sans aucun précomptement sur les revenus de la dot, on a pensé qu'il devait en être de même pour les grosses réparations faites sur les biens paraphernaux, ainsi que pour le payement des dettes que le mari avait pu faire à la libération de sa femme.

Article 2.

FRUITS (Restitution de). — Père. — Compensation.

Le père qui a succédé à l'un de ses enfans, conjointement avec les frères ou sœurs du défunt, et qui a perdu, ainsi, l'usufruit sur les portions advenues à ses autres enfans, est-il tenu de la restitution des fruits, lorsque ceux-ci l'ont laissé jouir sans aucun trouble?

Le 28 août 1749, au rapport de M. de Josse, arrêt entre le sieur Bernard Pradal, bourgeois de Montauban, et les demoiselles ses filles, Marie Pradal, épouse du sieur Mayné, et autre Marie Pradal, épouse du sieur Neulin. Dans l'espèce, il s'agissait d'une portion de succession d'un des enfans prédécédé, et frère desdites demoiselles. Le père avait joui de la portion échue à ses filles, et celles-ci demandaient le partage, avec restitution des fruits, contre le père. Cette demande fit beaucoup de difficulté. Lorsque le père laisse jouir son fils des biens dont il a l'usufruit, *jure patriæ potestatis*, on présume toujours une donation tacite. Il semble que la même présomption devrait avoir lieu lorsque le fils ne demande pas la jouissance de la portion d'un frère prédécédé; mais comme la loi a décidé le premier cas en faveur du fils, et qu'elle n'a pas prévu le second, il fut jugé, par l'arrêt dont je viens d'indiquer la date, et de rapporter l'espèce, que Bernard Pradal père devait rendre les fruits depuis le décès de l'enfant. L'arrêt ordonna, même, que cette restitution serait réglée à dire d'experts, à dater du mariage de ses filles, mariage qui remontait à vingt-deux ans. Cette disposition parut d'autant plus rigoureuse, que le père doit toujours être considéré comme administrateur des biens de ses enfans ; il y avait, même, dans l'espèce, cette circonstance, qui n'aurait pas dû échapper à la sagacité et à la justice des juges, qu'en mariant ses filles, le père avait constitué à chacune d'elles une dot assez considérable. M. Ricard avait instruit pour Bernard Pradal.

Dupérier, en ses *Questions*, liv. 1, *quest.* 18 et 19, paraît être d'un avis contraire à l'arrêt du parlement. A la quest. 18.ᵉ, cet auteur s'exprime ainsi : « .... Puisque la loi veut que le père ou ses héritiers ne puissent point demander aux enfans les » fruits qu'ils ont pris pendant la vie de leur père » sur les biens dont il avait l'usufruit, *quasi donatione in eos celebratâ*, comme dit Justinien en » la loi *cùm opportet*, cod. *de bonis quæ lib.*, il faut » bien aussi que, par une même raison d'amitié » et de charité, cette tacite donation soit présumée » en faveur du père ; car si l'inclination que les pères » ont à faire du bien à leurs enfans est une légitime présomption d'une tacite donation, la reconnaissance des obligations que les enfans ont à leur » père, et le désir de provoquer leur affection et » libéralité dans la dernière disposition de leurs » biens, en est une encore plus forte ; et, de fait, » Paul de Castre sur cette loi *cùm opportet*, tient » qu'à l'exemple du père, les enfans sont présumés » lui avoir tacitement donné ce qui a été consommé » de leur propre subsistance dans la maison du père, » de leur consentement même tacite ».

Papon, en ses *Arrêts*, liv. 14, tit. 2, n.° 9,

en rapporte un du parlement de Paris, en ces termes: « .... En un procès de la Rochelle, auquel vn fils, » après la mort de son père, fit demande à sa belle- » mère, vefue de sondit père, des fruicts qu'il auait » de son viuant prins ès biens maternels aduenus » audit fils, laquelle se défendait de ladite loi *cùm* » *opportet*, et lui de l'abrogation, fut, par arrest » de Paris, iugé pour la vefue que Imbert allègue » sans datte : *eâ forsan causâ quod indecens videri* » *potuit*, de rechercher telle chose, après la mort » du père, contre ses héritiers ».

Ces décisions sont conformes au rescrit de l'empereur Antonin, inséré en la loi 17, § 1, ff *de usur. et fruct.*, dont voici les termes : *parùm justè præteritas usuras petis, quas omisisse te longi temporis intervallum indicat, qui eas à debitore tuo, ut gratior apud eum videlicet esses, petendas non putasti.*

ANNOTATIONS.

Pour justifier l'arrêt du 28 août 1749, rapporté par M. de Laviguerie, du moins quant à la disposition qui soumit le père à la restitution des fruits, l'on pourrait invoquer la loi 5, au cod. *de usuf. et habit.*, qui dispose qu'au cas où la mère usufruitière se maintient dans la perception des fruits, après l'expiration du temps, elle doit en rendre compte pour toutes les années de son indue jouissance. *Si pater usumfructum prædiorum in tempus vestræ pubertatis matri vestræ reliquit, finito usufructu, postquàm vos adolevistis, posterioris temporis fructus perceptos ab eâ repetere potestis, quos nullâ ratione sciens de alieno percepit.* Et puisque la mère est tenue d'une pareille restitution, tout autre usufruitier doit l'être nécessairement.

La question posée en tête de l'article peut se reproduire encore aujourd'hui sous l'empire de l'art. 384 du code civil; cet article porte que le père, ou la mère, survivant, aura la jouissance des biens de ses enfans, jusqu'à ce qu'ils aient atteint l'âge de dix-huit ans.

Mais les jurisconsultes ne sont point d'accord sur le point de savoir si les ascendans dont parle l'art. 384 doivent conserver la jouissance du bien de leurs enfans jusqu'à leur dix-huitième année, quoique ces enfans décèdent avant d'avoir atteint cet âge.

Les auteurs des *Pandectes françaises*, tom. 5, pag. 329 et 330; M. Delvincourt, M. Toullier, tom. 2, pag. 300, n.° 1072, pensent que l'usufruit légal finit par la mort de l'enfant mineur, quoiqu'il soit contre la nature de l'usufruit de s'éteindre par la mort du propriétaire, et quoique l'usufruit, accordé jusqu'à ce qu'un tiers ait atteint un âge fixe, dure jusqu'à cette époque, suivant l'art. 620, encore que le tiers soit mort avant cet âge.

L'usufruit des pères et mères n'étant point établi à titre purement lucratif, mais aussi à titre d'indemnité des soins qu'ils se sont donnés pour leurs enfans, l'effet doit cesser avec sa cause; il est attaché à la puissance paternelle, dont il est inséparable; en conséquence, il s'anéantit et s'éteint avec elle : d'où il suit que la puissance paternelle s'éclipsant par la mort de l'enfant qui y était soumis, l'usufruit s'efface et se perd avec elle. Telle est aussi l'opinion de la cour de Turin, manifestée dans son arrêt du 19 janvier 1807, cité par Salviat, *ubi suprà*, pag. 108.

« S'il n'existe point, dit M. Toullier, de texte positif qui fasse » cesser cet usufruit par la mort des enfans avant dix-huit ans, » cette cessation résulte de l'esprit du code; elle paraît, même, » supposée dans plusieurs de ses dispositions : lorsque, à la mort » de son enfant, le père ou la mère succède concurremment » avec des collatéraux autres que des frères ou sœurs, il recueille » la moitié des biens de la succession, et l'art. 754 lui accorde » l'usufruit du tiers de l'autre moitié, à laquelle il ne succède » pas en propriété : cet article est général, et s'applique au cas » où l'enfant est mort avant ou après dix-huit ans; il ne fait » aucune distinction. On peut donc en conclure que le premier » usufruit attaché à la puissance paternelle est éteint, sans quoi » le père ou la mère le conserverait sur la moitié entière des » biens à laquelle il ne succède pas ».

M. Salviat, pag. 106, a embrassé l'opinion contraire; il se fonde sur la généralité de la disposition de l'art. 620, qui n'excepte aucune espèce d'usufruit, pas plus l'usufruit légal que tout autre.

On a vu que l'arrêt du parlement, du 28 août 1749, condamna le père à la restitution des fruits depuis le mariage de ses deux filles. M. de Laviguerie ne nous dit pas le motif pour lequel le père fut dispensé de la restitution de ceux qu'il avait pu percevoir avant cette époque : serait-ce parce que la cour aurait voulu les compenser avec les alimens que le père aurait fourni à ses filles avant leur établissement ? Cette question était controversée dans l'ancienne jurisprudence. La Touloubre, dans ses *Observations* sur la quest. 18, liv. 1.er, de Dupérier, cite, d'après Julien, un arrêt du parlement d'Aix, du 14 juin 1674, par lequel il fut jugé que le père était comptable des fruits qu'il avait perçus, sans pouvoir les compenser avec les alimens qu'il avait fournis à ses enfans.

Cette décision, que La Touloubre qualifie de rigoureuse, est contraire à celle de Dupérier, quest. 19, où il s'exprime ainsi : « c'est une règle notoire en droit, que le père n'est pas obligé » de fournir du sien les alimens et entretenemens aux enfans qui » ont de quoi s'entretenir : *si filius possit sē exhibere*, comme » dit Ulpien, en la loi *si quis à liberis*, § *sed si filius*, ff *de* » *agnos. et alend. liber.*; et, même, quand ils ont des biens ma- » ternels, comme a observé d'Argentré sur les coutumes de Bre- » tagne, art. 452, gl. 2; et, par conséquent, il faut présumer » que le père, en nourrissant ses enfans, a entendu y employer les » fruits dont il leur pouvait être comptable, *aviam quæ negotia* » *nepotis administrabat verisimile esse de re ipsius nepotis cum* » *aluisse*, dit le jurisconsulte Paulus en la loi *Hesennius* 4, ff *de* » *negotiis gestis*; et, partant, il en faut faire compensation, à » moins que les fruits du restant des biens dont le père a joui » fussent capables de subvenir à cette dépense, puisque la loi » oblige le père qui a l'usufruit des biens de ses enfans de les » entretenir ».

La Touloubre, dans ses *Observations* sur cette question, est du même sentiment : « c'est, dit-il, un principe, que celui qui est » débiteur ou comptable de la personne à qui il a fourni les ali- » mens, est censé avoir entendu en compenser la valeur avec » ce qui lui était dû. La loi *Hesennius* 34, ff *de negotiis gestis*, » renferme une décision précise sur ce point; il s'agit d'une » aïeule qui avait fourni la nourriture de son petit-fils, envers » qui elle était comptable en vertu de son administration; et le » jurisconsulte décide qu'il faut présumer qu'elle a fourni les

» alimens, non par une simple affection; mais dans la vue de » s'acquitter de ce qu'elle pouvait devoir à concurrence ».

Vedel, dans ses *Observations* sur les arrêts de Catellan, liv. 5, chap. 36, rapporte un arrêt du parlement de Toulouse, du 19 février 1718, qui jugea que le père, ayant joui des fruits d'un bien adventif d'un de ses enfans, procédant de la succession *ab intestat* d'un de ses frères, pouvait compenser cette jouissance avec la nourriture fournie à cet enfant, et à concurrence.

Vedel observe que le motif de cet arrêt fut pris de la présomption de la loi 34, déjà citée, selon laquelle on est censé se libérer plutôt que donner; « mais, dans l'espèce de cet arrêt, » ajoute-t-il, il se trouve une circonstance qui, selon moi, devait » faire rendre une décision contraire, en rejetant la compensa- » tion demandée. Cette circonstance était que la fille dont le » père avait joui le bien adventif avait travaillé sous lui, à son » profit, de son métier de tailleur, sans en tirer aucune rétri- » tion; conséquemment, le père avait dû nourrir sa fille, et ne » pouvait être dispensé de lui faire compte des fruits de son bien » sans mettre en ligne de compte cette nourriture ».

Voy. *suprà*, v.° *Alimens*, art. 1.

FRUITS. — Voyez *Légitime*. — *Rapport*.

Article 3.

FRUITS (Restitution de). — Titre nul.

L'héritier qui a joui sous la foi d'un testament nul n'est-il comptable des fruits que du jour de la demande en nullité?

Dans le § 3 de la loi 25, ff *de petit. hæred.* le jurisconsulte dit que l'obligation de rendre exactement tout le produit de l'hérédité n'est imposée qu'à ceux qui l'ont envahie, sans avoir aucune espèce de motif de croire qu'elle leur appartient : *quod autem ait senatus eos qui bona invasissent, loquitur de prædo-*

nibus, id est de his qui, cùm scirent ad se non pertinere hæreditatem, invaserunt bona scilicet, qui nullam causam haberent possidendi; en sorte que, suivant le jurisconsulte, il n'y a de possesseurs de mauvaise foi que celui qui, sans titre, même coloré, s'empare d'une succession : *scilicet cùm nullam causam haberet possidendi.*

Mais doit-on considérer comme un titre coloré un testament nul et cassable? L'erreur de droit sur le vice du titre ne peut-elle pas excuser le possesseur, et le mettre au rang de ceux qui jouissent de bonne foi? Ce cas particulier est prévu par le jurisconsulte, au § 6 de la loi 25, déjà citée; et il prononce en faveur de celui qui a possédé en conséquence d'un testament nul.

Les arrêts du parlement ont beaucoup varié sur cette question : les uns, en prononçant la nullité du testament, ont ordonné la restitution des fruits du jour de la mort du testateur; d'autres ont jugé que celui qui avait possédé en vertu d'un testament nul n'était pas comptable des fruits perçus avant la demande en nullité du testament.

Voici, dans l'ordre chronologique, l'indication de ces arrêts.

1. 17 avril 1749, au rapport de M. d'Arbou, arrêt qui fixa l'époque de la restitution des fruits au jour de la demande en nullité du testament.

2....... 1751, arrêt entre Brousses et Pugnet, mariés, et le sieur Vaissière, qui réforma une sentence du sénéchal de Gourdon, en ce, seulement, qu'en cassant le testament du sieur Pierre Figié, Brousses et Pugnet, mariés, avaient été condamnés à restituer les fruits d'un temps antérieur à l'instance.

3. 9 août 1751, arrêt rendu dans le procès du sieur Pendaries, qui, en cassant le testament, relaxa encore l'héritier institué des fruits antérieurs à l'instance.

4. .... 1765, arrêt, au rapport de M. de Cassand-Glatens, qui cassa le testament de Pierre Laboubée, dont il n'avait pas été fait lecture au testateur, et refusa à la demoiselle Popy la restitution des fruits perçus avant l'instance.

18 août 1774, aux enquêtes, arrêt conforme au rapport de M. de Rigaud, au procès du sieur Armand Baffiniac contre le sieur Louis Bonafous. J'étais un des juges.

Voici deux arrêts rendus dans le sens contraire.

1. 18 mars 1776, au rapport de M. de Lafont-Rouis, arrêt qui cassa un testament, et condamna l'héritier institué à la restitution des fruits, suivant l'état qu'il en donnerait, depuis le décès du testateur jusqu'à la demande en cassation, et depuis la demande à dire d'experts : les parties étaient le sieur Micas et autres.

2. 9 mai 1777, au rapport de M. Juin de Siran, arrêt en faveur des dames Fontvielle, sœurs, pour lesquelles j'avais instruit, contre Barthelemi Fontvielle, qui déclara nul le testament de François Fontvielle, leur père, décédé en 1743 ; ordonna le partage de la succession, avec restitution des fruits, en faveur des dames ses sœurs, par état depuis le décès du père jusqu'à l'introduction de l'instance, et à dire d'experts depuis l'instance.

Dans l'espèce de ce dernier arrêt, le testament avait été retenu par le curé, et déposé chez M.e N...., notaire. Elisabeth Fontvielle, ayant contracté mariage en 1750 (l'autre sœur s'était mariée du vivant du père), se constitua la somme de 500 liv. du chef paternel, comme est porté, est-il dit, dans son testament retenu par M.e N...., notaire, sous sa date : de cette clause les deux sœurs concluaient que l'héritier avait connu le vice du testament, et avait cherché à le dissimuler, en déguisant à dessein, par une fausse énonciation, la forme de cet acte.

La décision de ces deux derniers arrêts, considérée en thèse, et abstraction faite de toute circonstance, paraît plus conforme à la rigueur du droit; mais n'est-ce pas le cas de dire : *summum jus, summa injuria;* et la bonne foi présumée de l'héritier, qui ne s'est pas enrichi pendant la jouissance qu'il a eue, ne doit-elle pas le mettre à couvert de la restitution des fruits ?

Toutefois il n'y a aucune difficulté pour le cas où il paraît clairement que l'héritier institué a connu le vice du testament, et qu'il a usé de voies détournées, pour en dérober la connaissance à ceux qui auraient pu profiter de cette nullité, parce que, dans cette hypothèse, il y a fraude, et qu'il ne doit pas profiter des avantages que cette fraude lui a procurés.

ANNOTATIONS.

Les auteurs du *Journal du palais*, en rapportant, tom. 19, pag. 20 de la nouvelle édition, un arrêt de la cour de Dijon, du 7 janvier 1817 (voyez aussi M. Sirey, 1817-2-357), le font précéder de quelques observations pour en justifier la disposition; on lit

lit à la page 21 : « pour être réputé possesseur de bonne foi, il » faut jouir en vertu d'un titre ; mais il n'est pas absolument » nécessaire que le titre en vertu duquel on possède soit un titre » inattaquable ; il suffit que le possesseur ait eu quelque sujet de » croire le titre valable, et qu'il ne soit, d'ailleurs, entaché d'aucun » vice radical, et que repoussent les lois et les mœurs ».

Un arrêt de la cour royale de Toulouse, du 6 juillet 1821, *Mémorial de jurisprudence*, tom. 3, pag. 267, a consacré cette doctrine ; il a jugé que celui qui a joui de bonne foi en vertu d'un testament nul qui lui conférait la qualité d'héritier, et dont il ignorait le vice, n'était pas tenu de la restitution des fruits. Voy. aussi l'arrêt de la cour royale de Pau, du 19 décembre 1829, rapporté dans le même Recueil, tom. 20, pag. 265 ; celui de la cour de cassation, du 25 mai 1831, chambre des requêtes, rapporté dans la *Gazette des tribunaux*, du 26 mai ; et les art. 549 et 550 du cod. civ.

Dupérier, dans ses *Décisions*, liv. 4, n.° 140, tom. 2, pag. 157, assure que, lorsqu'un contrat est cassé, *et quoties titulus redigitur ad non esse*, tous les fruits doivent être restitués. A l'appui de cette opinion, voy. M. Duranton, dans son *Traité du code civil*, tom. 2, n.° 332.

L'héritier de l'usufruitier qui, après le décès dudit usufruitier, continue la jouissance du bien usufruité, doit-il rendre les fruits du jour du décès, ou du jour de la demande en désistat? Un arrêt de la cour d'appel de Paris, cité par Salviat dans son *Traité de l'usufruit*, tom. 2, pag. 104, a jugé que celui qui avait connaissance du genre de possession de son auteur devait les fruits, à compter du jour du décès, puisqu'il était incontestablement de mauvaise foi. Voici l'espèce de cet arrêt :

Le sieur Maillet, usufruitier d'une maison, jardin et dépendances, céda, en 1767, son usufruit à Henriot et à sa femme, avec réserve de tous ses droits au cas qu'il leur survécût. Les deux acquéreurs étant morts, successivement, en 1786 et 1791, leurs enfans firent, aussi successivement, des inventaires dans lesquels ils mentionnèrent l'acte de cession ; et, même, lors de l'inventaire fait à la mort de la mère, qui décéda la première, Henriot et ses enfans convinrent qu'ils posséderaient l'usufruit en commun. Le père étant décédé à son tour, les enfans jouirent seuls pendant plusieurs années. Maillet ayant, enfin, été instruit de ce double décès, attaqua les enfans, avec restitution de fruits, à compter des décès. L'arrêt les lui adjugea, attendu qu'il résultait des pièces de la cause que les enfans avaient eu connaissance du titre et du droit du sieur Maillet.

GAGE. — Voyez *Retention (droit de)*.

G

GARANTIE.

Article premier.

GARANTIE (Promesse de). — Effet. — Mandat.

Ceux qui traitent en qualité d'administrateurs ou de mandataires, s'obligent-ils en leur propre et privé nom, s'ils n'ont manifesté l'intention de s'obliger personnellement? — Non.

Les promesses de garantie insérées dans les contrats ne doivent-elles pas être restreintes à la qualité que les parties ont prise dans le commencement de l'acte; et cette qualité n'est-elle pas sous-entendue dans toutes les clauses subséquentes? — Oui.

Spécialement, *le mari qui a déclaré agir en sa qualité de maître des biens dotaux, et qui, après cette déclaration, promet la garantie, ou, ce qui est la même chose, de faire valoir et tenir le traité qu'il vient de passer, est-il réputé avoir fait cette promesse, non en son propre nom, et sur ses biens, mais, seulement, en sa qualité de mari, c'est-à-dire, en la qualité qui a déterminé le contrat?* — Oui.

Les principes du droit sont certains en faveur du mari. Les docteurs décident que si un mandataire vend en cette qualité, et qu'il s'oblige à la garantie, cette obligation ne tombe pas à sa charge, mais bien à celle du mandant, pourvu qu'il conste du mandat qu'il avait pouvoir de s'obliger pour ce dernier. — Suivant la loi 8, ff *mandati*, dans les contrats, c'est toujours l'origine qu'il faut considérer : *contractûs initium spectandum est.* — *Qualitatem initio contractûs appositam præcipuè attendi ac dispici*, dit Mornac sur cette loi. — *Consideratur qualitas deducta in contractu, et quo nomine fiat, ut secundùm eam valeat contractus*, dit encore Mœnochius, *de præsumpt.*, lib. 3, præsumpt. 49, n.° 19. — Mantica, *de tacitis et ambiguis convent.*, lib. 3, tit. 5, n.° 6, ajoute qu'on a toujours égard à la qualité en laquelle les parties ont contracté, *semper conspicimus qualitatem per quam contractus celebratur*; et que celui qui a pris une qualité dans un acte est censé l'avoir exprimée dans toutes les parties du même acte, *quandò aliquis contrahit sub aliquâ qualitate, illa in omnibus partibus contractûs illius debet intelligi repetita.* — La loi 134, § 1, ff *de verb. oblig.*, pose le même principe en ces termes : *plerumquè ea quæ præfationibus convenisse concipiuntur, etiam in stipulationibus repetita creduntur.* — Dumoulin, sur la *Coutume de Paris*, tit. *des Fiefs*, § 1, glos. 8, n.° 50 et suiv., Cons. 40, n.os 27 et 28; Maynard, liv. 4, chap. 15; Papon, liv. 6, tit. 5; Serres, *Instit.*, pag. 579, enseignent la même doctrine.

Il y a même plus : lorsque celui qui a contracté, au nom d'autrui, comme procureur-fondé, ou comme mandataire, ou comme administrateur, a omis d'exprimer qu'il agissait en la qualité qui lui avait été donnée, on présume, néanmoins, qu'il n'a pas eu l'intention de s'obliger en son propre et privé nom. C'est ce que remarque Ranchin, v.° *Procurator*, art. 3 : *procurator*, dit-il, *qui contrahit nomine domini, quamvis in obligatione non dixerit se obligare nomine procuratorio, seu nomine domini, non propterea tenetur suo nomine, quia expressio causæ habetur perindè ac si dictum fuisset procuratorio nomine, seu nomine domini.*

Ainsi, le doute qui pourrait naître de la négligence du mandataire à exprimer la qualité en laquelle on a contracté, s'interprète toujours en sa faveur, parce que, n'ayant traité que pour et au nom d'autrui, en vertu du mandat qu'il en avait reçu, il ne peut pas être censé avoir voulu engager ses propres biens : *in dubio contemplatione officii, non suo nomine contrahere videtur*, disent Barthole et Godefroy, sur la loi dernière, ff *de inst. act.*

De là vient, aussi, que, lorsque le père a vendu des biens de son fils sans décret du juge, le fils peut agir contre *le tiers-acquéreur*, quoiqu'il soit héritier du père, en remboursant, seulement, le prix de la vente, à moins que le père ne se soit obligé en son propre nom, comme l'observe Lapeyrère, au mot *Père*. — Cet auteur, v.° *Vente*, rapporte un arrêt du mois de juillet 1684, qui reçut la nommée Sibier à revendiquer un fonds à elle appartenant, aliéné par la nommée Souffron, sa nièce, dont elle était héritière. Le motif de l'arrêt fut pris de ce que la femme Souffron avait vendu en qualité de tutrice; et quoiqu'à la fin de l'acte elle se fût obligée de garantir, néanmoins, n'ayant pas dit qu'elle s'obligeait en son propre nom, il fut jugé que cette obligation était relative à la qualité par elle prise *initio contractûs*.

Telle est aussi la jurisprudence du parlement de Toulouse.

1. Par acte du 24 novembre 1738, le sieur Pierre Poméry, en sa qualité de mari et maître des biens dotaux de Jeanne Escudié, bailla à locatairie perpétuelle à la demoiselle Costes une partie du fonds dotal de sa femme. Au-dessus de la rente le locataire fut chargé de payer 105 liv. dues au sieur Dabès, pour reste de précaire sur le même fonds, avec les intérêts qui avaient couru depuis le mariage de Poméry. Celui-ci promit, par le même acte, « de » faire bon valoir et tenir ladite locatairie perpé- » tuelle, et d'être de toute éviction et garantie pour » raison d'icelle, sous l'obligation de ses biens pré- » sens et à venir ».

Après la mort de son mari, Jeanne Escudié ayant demandé le délaissement du fonds, avec restitution des fruits, contre la demoiselle Loudières, donataire de la demoiselle Costes, celle-ci conclut à la *pleine* garantie contre Jacques Poméry, héritier de son père. Cette garantie lui fut accordée par le sénéchal de Béziers ; mais l'arrêt rendu sur l'appel, le 22 août 1759, au rapport de M. de Mengaud, en réformant, « condamna Jacques Poméry à rendre à » ladite Loubières la somme de 105 liv., payée par » la demoiselle Costes au sieur Dabès, lors du bail » à locatairie, à la charge par elle de rapporter la » quittance dudit Dabès ; comme aussi, à rendre » et rembourser à ladite Loubières la somme de » 87 liv. 4 s. 8 d. pour le montant du contrôle,

» centième denier, retention et expédition de l'acte » de la locatairie, et autres loyaux-coûts, avec les » intérêts depuis l'introduction de l'instance; et, » moyennant ce, relaxa ledit Poméry d'une plus » ample garantie ».

2. Le sieur Morléon, en prenant la qualité de mari et maître des biens dotaux de demoiselle Marie-Monique Derieux, avait vendu une pièce de terre appelée de la Gazache, dépendante de sa dot. Il avait promis « de faire bon valoir et tenir la présente » vente, et de lui en porter toute éviction et garantie; » et, pour l'observation de tout ce dessus, les » parties, chacune comme les concerne, obligent » tous leurs biens présens et à venir soumis aux » rigueurs de justice ».

L'acquéreur ayant été évincé, la dame Antoinette Bourdoncle, veuve Palis, prétendait que le mari, vendeur, avait garanti personnellement la vente, quoiqu'il eût énoncé au commencement de l'acte sa qualité de mari. Mais l'arrêt qui intervint le 21 avril 1774, au rapport de M. de Bastard-Lafitte, jugea que le sieur Morléon, n'ayant vendu qu'en sa qualité de mari, sa fille, son héritière, représentée au procès par le sieur Pierre Costes, son tuteur, ne devait que la restitution du prix, les frais et loyaux-coûts de l'acte.

3. La femme Fernaric, veuve du sieur Jean Bedos, et tutrice de la demoiselle Bedos, sa fille, était créancière de son mari pour la répétition de ses cas dotaux. En cette qualité, et en vertu d'un appointement du sénéchal de Béziers, du 11 mai 1748, elle vendit, par acte du 19 du même mois,

au sieur Fournier, conseiller-auditeur à la cour des comptes de Montpellier, une vigne dépendante de l'hérédité dudit Bedos : « consentant, portait l'acte, » que ledit Fournier prenne possession et jouissance » de ladite vigne vendue, et qu'il la fasse mettre et » allivrer sur son compois; que les réparations et » améliorations qu'il pourra y faire lui tiennent lieu » d'augmentation du prix, promettant de lui faire » bien valoir et tenir la vente, et lui être, à raison » d'icelle, de toute éviction et garantie; et, pour » observer ce dessus, ladite Fernaric a obligé et » soumis à justice tous ses biens présens et à venir ».

Postérieurement, la demoiselle Bedos, ayant demandé la cassation de cette vente, pour inobservation des formalités prescrites pour la vente des biens des pupilles, le sieur Fournier appela en garantie ladite Fernaric, qui se contenta d'offrir le remboursement du prix de la vente, avec les frais et loyaux-coûts; et, pour le surplus, elle conclut à son relaxe des fins et conclusions contr'elle prises. Elle se fonda sur ce que, n'ayant vendu qu'en qualité de créancière de son mari, avec subrogation à tous ses droits, privilèges et hypothèques, elle ne devait, ni ne pouvait être soumise à d'autre garantie qu'à celle qu'on exerce contre le créancier qui vend *jure pignoris*, lequel n'est garant qu'autant que l'acquéreur se trouve évincé par une hypothèque antérieure.

Cette seule exception donna lieu au relaxe de la demande en garantie, par arrêt du 19 février 1785, rendu au rapport de M. Pérès; arrêt confirmatif d'une sentence arbitrale rendue par MM. Boutes, Jouve et Arexy.

4. 1.er septembre 1789, à la deuxième des enquêtes, au rapport de M. Juin de Siran, arrêt conforme en faveur de M. d'Estingoy (Voyez l'espèce de cet arrêt, v.° *Aliénation*, art. 5).

La raison principale de toutes ces décisions est prise de ce que, régulièrement, nul ne pouvant promettre le fait d'autrui, *Inst.*, § 3, *de inutil. stipul.*, on doit toujours présumer que celui qui contracte n'a entendu promettre son propre fait que suivant l'étendue du droit que pourrait lui donner la qualité en laquelle il contracte, et qu'il n'a pas voulu s'assujettir personnellement à une garantie relativement au fait d'autrui, lorsqu'il ne l'a pas exprimée d'une manière claire et positive.

En effet, la garantie n'étant qu'une clause accessoire, elle s'explique suivant le sens de la convention principale. Mœnochius, *de præsumpt.*, lib. 4, præsumpt. 60, n.° 80, dit : *clausulæ accessoriæ non extendunt principalem dispositionem ;* Faber, *cod.* lib. 4, tit. 21, déf. 18, n.° 20, *clausulæ siquidem accessoriæ non debent ampliare, aut alterare, aut mutare principalem dispositionem ;* et au tit. 28, déf. 1, n.° 4, *obligatio de evictione sicut sit in consequentiam venditionis, ita eamdem recipit interpretationem quam venditio, cùm clausulæ accessoriæ interpretandæ sint ex eo quod actum est in negotio principali.*

ANNOTATIONS.

Voyez, dans le même sens, l'arrêt de la cour royale de Toulouse, du 28 mars 1827, *Mémorial de jurisprudence*, tom. 15, pag. 178.

Article 2.

GARANTIE. — Aliénation. — Fond dotal. — Biens paraphernaux.

Les biens paraphernaux de la femme qui aliénait ses biens dotaux demeuraient-ils affectés à la garantie de l'aliénation ? — Oui.

Les héritiers de la femme étaient-ils recevables à en demander la cassation ? Non.

Sic *judicatum*, par arrêt rendu le 9 mai 1781, au rapport de M. Juin de Sran, entre le sieur Narsés, héritier de la dame Trapi, les sieurs Laguisardie et Morlhon. M. Lacoste avait instruit pour le sieur Narsés.

L'arrêt déclara ce dernier *non recevable* dans la demande en cassation de deux baux à locatairie, des 19 novembre et 14 décembre 1779, contenant concession de divers biens dotaux, *sous une rente rachetable*, et consentis par la dame Trapi. Le motif de l'arrêt fut pris de ce que les biens paraphernaux en répondaient, et que l'héritier était, par conséquent, non recevable à poursuivre la cassation de deux actes qu'il devait faire valoir; les juges s'appuyèrent, en outre, sur l'opinion de Serres, en ses *Institutes*, pag. 190, où il dit que la femme peut hypothéquer la dot pour la vente de ses biens paraphernaux : d'où l'on conclut qu'elle pouvait valablement hypothéquer ses biens paraphernaux pour la vente de ses biens dotaux.

ANNOTATIONS.

L'auteur de l'article *Régime dotal*, inséré dans le *Répertoire de la jurisprudence du notriat*, par M. Rolland de Villargues, se demande si la femme purrait se rendre garante sur ses paraphernaux de l'aliénation du bien dotal : il faut, dit-il, décider pour la négative, parce que la femme doit pouvoir, en tous cas, invoquer la nullité de cettevente, et que la protection que la loi lui accorde serait fréquemment éludée, si l'on pouvait exercer sur ses paraphernaux un reours à l'occasion de l'aliénation, frappée de nullité radicale. Il citeM. Bellot, *du Contrat de mariage*, pag. 207 et 208.

Nous avons recueilli dans notre *Mémorial de jurisprudence*, tom. 18, pag. 337, un arrêt de la cour royale de Grenoble, du 16 janvier 1828, qui paaît contraire à cette doctrine. Cet arrêt a jugé que la femme qui a aliéné ses immeubles dotaux n'est point, de cela qu'elle a des biens paraphernaux, non recevable à attaquer la vente de nullité; mais qu'alors la garantie qui compète à l'acquéreur s'exerce sur les biens paraphernaux. Voyez, aussi, l'arrêt de la cour d'Agen, du 15 janvier 1824, *Journal du palais*, tom. 1 de 1825, pag. 561.

Ceci nous conduit à examiner une question d'un très-haut intérêt sur l'aliénation de la dot.

On décidait, autrefois, que la femme pouvait valablement hypothéquer sa dot durant le mariage, lorsqu'elle s'obligeait pour une cause juste et raisonnable, comme serait la vente ou la réparation de ses biens paraphernaux, ou lorsqu'elle se trouvait condamnée en des dépens ou des dommages et intérêts pendant le mariage; et l'on ne doutait pas que, dans tous ces cas, le créancier ne pût agir contr'elle, et sur ses biens dotaux, après que la dissolution du mariage avait remis ces mêmes biens au pouvoir et à la disposition de la femme. Voy. Dupérier, liv. 1, quest. 3, tom. 1, pag. 22; Serres, *Instit.*, liv. 2, tit. 8, pag. 190; Soulatges, *des Hypothèques*, pag. 158; l'arrêt de la cour royale de Toulouse, du 28 août 1828, *Mémorial*, tom. 20, pag. 163; et M. Sirey, 1830-2-191; nos *Annotations*, v.° *Dot.*, art. 1.er, in fine.

Aujourd'hui la faculté d'aliéner la dot n'est accordée que dans les cas spécifiés dans la loi; et, en principe général, la nécessité de l'aliénation doit être vérifiée par la justice, art. 1558 et 1559 du cod. civ. : point de difficulté à cet égard. Mais c'est une question diversement jugée par les arrêts, que celle de savoir si les obligations contractées par une femme mariée sous le régime dotal peuvent être exécutées sur ses biens dotaux APRÈS LA DISSOLUTION DU MARIAGE.

Ceux qui soutiennent l'affirmative disent que le privilège de la dot n'est établi qu'en faveur du mariage, et pendant sa durée seulement; qu'ainsi, tous les biens de la femme, après la dissolution du mariage, forment dans ses mains, ou dans celles de ses héritiers, sans distinction, un actif soumis à l'action du créancier. Arrêt de la cour royale de Paris, du 13 mars 1821, M. Sirey, 1822-2-342; *Journal du palais*, tom. 23, pag. 199.

Ceux qui ont embrassé la négative soutiennent qu'une obligation, nulle dans son principe, ne peut acquérir aucune valeur, aucun effet, par le laps de temps, ni par des événemens postérieurs à l'obligation; qu'ainsi, celle contractée par la femme sur ses biens dotaux, pendant le mariage, étant absolument nulle, n'a pu devenir valable depuis la dissolution du mariage. D'un autre côté, la dot est inaliénable, *constante matrimonio*, parce qu'elle a pour objet, non-seulement le support des charges du mariage, mais encore l'intérêt des enfans; d'où il résulte qu'il faut qu'à la dissolution du mariage, la femme veuve, ou les enfans, la retrouvent entière, intacte, libre de toute charge, comme au jour où elle a été constituée; et, dès-lors, c'est heurter tous ces principes d'ordre public, que de prétendre que l'inaliénabilité de la dot ne puisse être invoquée après la dissolution du mariage. Voy. *leg.* 13, § 3, ff *de fundo dotali;* les arrêts de la cour de Riom, du 2 février 1810, *Jurisprudence du notariat*, par M. Rolland de Villargues, tom. 1, pag. 629; de la cour royale d'Aix, du 10 juillet 1822, *Mémorial*, tom. 6, pag. 57; de la cour de Paris, du 19 mars 1823, *Journal du palais*, tom. 2 de 1823, pag. 497; de la cour royale d'Aix, du 24 août 1823, *Mémorial*, tom. 8, pag. 221, et *Journal du palais*, tom. 3 de 1824, pag. 360; de la cour de Riom, du 26 avril 1827, *Mémorial*, tom. 17, pag. 82; de la cour de cassation, du 26 août 1828, M. Sirey 1829-1-30.

Voici comment cette importante question est traitée par M. Bellot, tom. 4, pag. 94 et suiv.

« M. Delvincourt (tom. 2, pag. 111) pense que les jugemens rendus pour des dettes contractées pendant le mariage emportent hypothèque à compter du jour de la dissolution du mariage. La cour de Toulouse (par arrêt du 20 juillet 1822, *Mémorial*, tom. 5, pag. 81; *Journal du palais*, tom. 24, pag. 603, et M. Sirey,

1823-2-8) a également décidé que les sommes dotales sont saisissables, après la dissolution du mariage, par les créanciers de la femme, pour dépens prononcés contr'elle dans un procès relatif à ses biens paraphernaux.

» Sans doute que quiconque s'oblige est tenu sur ses biens meubles et immeubles, art. 2092 : la femme contracte des obligations légitimes; elle emprunte pour réparer ses biens paraphernaux; on obtient un jugement contr'elle : si elle oppose que le fonds dotal ne peut être saisi, elle doit être repoussée par la règle générale de l'art. 2092; mais ce qu'il y a de singulier, c'est qu'on renvoie l'action des créanciers après la dissolution du mariage, et lorsque le fonds dotal est devenu libre. Pourquoi donc? si la femme est réellement obligée sur son fonds dotal, on ne conçoit pas que l'action du créancier doive être ainsi retardée.

» L'art. 2092 renferme une règle générale; mais à cette règle générale, est-ce que l'art. 1554 n'apporte pas une exception? La femme ne peut vendre le fonds dotal, si ce n'est dans les cas spécialement prévus par la loi : un héritage rendu dotal doit se trouver à la dissolution du mariage tel qu'il était lors du mariage, et grevé seulement des dettes existantes alors; si la femme contracte des dettes, et que les créanciers, après la dissolution du mariage, puissent saisir les sommes dotales, ou faire vendre le fonds dotal, n'est-ce pas permettre à la femme de faire indirectement ce que la loi lui défend directement? qu'elle aliène en transférant actuellement la propriété, ou qu'elle se dépouille pour un temps plus éloigné, n'est-ce pas toujours aliéner? qu'elle vende son fonds dotal, ou qu'elle le grève de dettes, n'est-ce pas l'aliéner? Quoi! la loi ne veut pas que la femme, autorisée de son mari, puisse hypothéquer le fonds dotal, et il lui serait permis de contracter des dettes dont ce fonds serait le gage? Si, au moyen des obligations qu'elle aura contractées, les créanciers obtiennent une hypothèque judiciaire, qui produira son effet à partir du jour de la dissolution du mariage, n'est-ce pas comme si la femme eût directement hypothéqué? Si telle est la jurisprudence, la femme ne manquera pas de trouver des emprunteurs; et, son mariage dissous, elle sera ruinée : l'hypothèque existe à compter du jour de la dissolution du mariage, dit M. Delvincourt; et pourquoi ne daterait-elle pas du jour de l'inscription? dans quelle disposition de la loi voit-on que l'hypothèque judiciaire ou conventionnelle ait une date différente de celle de l'inscription sur des biens existans entre les mains du débiteur ? Cela n'est pas conséquent; car, enfin, si un autre créancier obtient aussi un jugement, et que son inscription soit prise avant la dissolution du mariage, est-ce qu'ils viendront par concurrence ? les deux hypothèques n'auront-elles que la date du jour de la dissolution du mariage ? Personne n'oserait dire une chose si absurde ; cependant si l'hypothèque a le rang de l'inscription, c'est de la part du créancier acquérir des droits sur le fonds dotal; c'est de la part de la femme en consentir l'aliénation ; c'est se dessaisir d'une portion de l'immeuble : qu'on ne dise pas que l'aliénation est forcée, parce que le jugement est indépendant de sa volonté ; il n'est pas indépendant de sa volonté, car il est la suite d'une obligation qu'elle a volontairement consentie ; puisque chacun est censé connaître la loi, la femme devait savoir qu'en s'obligeant il faut payer, et que, si elle ne le fait, son créancier obtiendra un jugement, par suite, une hypothèque ; tout cela prouve que la femme n'est point engagée sur ses biens dotaux, soit mobiliers, soit immobilier, pour cause de dettes contractées durant le mariage : il y a une contradiction choquante entre la défense d'aliéner et le droit des créanciers sur le fonds dotal, après la dissolution du mariage ; car cela revient absolument au même que si le fonds était engagé durant le mariage : par le fait, il s'y trouve ; seulement l'action est retardée ; mais que cela fait-il au créancier, si, surtout, on lui paye l'intérêt ; et c'est l'effet d'un jugement » ?

Article 3.

GARANTIE. — Éviction.

Le mari, ou les héritiers du mari, qui vendait le fonds dotal qu'il déclarait tel, étaient-ils assujettis, en cas d'éviction, à la pleine garantie, si l'acquéreur l'avait stipulée dans l'acte ? — Oui.

Sic *judicatum* par arrêt rendu, le 20 mars 1776, à la grand'chambre, au rapport de M. de Gilède, dans la cause du sieur Verdier de Suse et de Jeanne Prunet, veuve d'Antoine Barrier. L'arrêt fut déterminé par la circonstance que la garantie avait été spécialement stipulée.

Voyez deux arrêts conformes, l'un du mois de mai 1656, rapporté par Catellan, liv. 5, chap. 7; l'autre du 12 septembre 1739, recueilli par M. de Juin, dans son *Journal*, tom. 2, pag. 191; voyez aussi Serres, *Instit.*, pag. 498. Brodeau, dans ses *Additions* au Recueil de Louet, lett. A, som. 13, rapporte aussi un arrêt du 20 décembre 1640, qui jugea que la stipulation de garantie était obligatoire, même dans le cas où l'acquéreur avait eu connaissance, soit de la non propriété du vendeur, soit de l'hypothèque existante sur la chose vendue.

La question de savoir si l'éviction dont la cause était connue de l'acquéreur, dès le moment de la vente, pouvait donner lieu à l'action en garantie de ce dernier contre le vendeur, et aux dommages-intérêts, a été diversement jugée par les arrêts. Vedel, liv. 5, chap. 7, en rapporte deux rendus les 23 janvier et 26 mars 1722, qui sont contraires l'un à l'autre : l'opinion de cet auteur, conforme à celle de Basset, tom. 2, liv. 4, tit. 17, chap. 2; de Boniface, tom. 1, liv. 6, tit. 2; de Zoëzius, *ad tit. de evict.*, n.° 21, est que la garantie n'est jamais due, lorsque l'acquéreur a connu le défaut de qualité du vendeur; dès-lors, le premier ne peut prétendre que la restitution du prix, sans aucuns dommages et intérêts, bien qu'il ait expressément stipulé la garantie. Il y a dans le 5.e tom. du *Journal du palais*, pag. 387, un arrêt, du 22 juin 1733, qui paraît avoir adopté ce sentiment; voyez, aussi, Boutaric, en ses *Institutes*, liv. 2, tit. 8;

Despeysses, tom. 1, pag. 48, 2.e col. *in fin.*, édit. de 1666; Ferrière, *Traité des tutelles*, part. 4, sect. 10.

ANNOTATIONS.

Les rédacteurs du *Journal des Arrêts* de la cour royale de Toulouse ont inséré dans leur Recueil, 2-2-34, un arrêt rendu par la cour royale de Nîmes, le 18 janvier 1821, qui a jugé que, sous l'ancienne jurisprudence, le mari qui vendait le fonds dotal, qu'il déclarait tel, était assujetti à la pleine garantie et aux dommages-intérêts, en cas d'éviction. On lit dans les motifs de cet arrêt, que toutes les fois que celui qui avait aliéné la chose d'autrui avait stipulé une promesse expresse de garantie, quoiqu'il eût, même, dénoncé à l'acquéreur le vice de l'achat; il devait, nécessairement, y être soumis, parce que la loi ne l'en affranchissait que lorsqu'il n'y avait pas de promesse; que ce n'était que dans ce cas qu'il était déchargé de la garantie de droit, garantie qui, dans tous les autres cas, serait née sans cette exception du seul contrat de vente, et que c'était, précisément, parce que, dans cette hypothèse, l'acquéreur, qui connaissait le vice de l'acquisition, ne pouvait pas douter qu'il ne fût sujet au péril d'une éviction, qu'il était présumé avoir exigé une promesse formelle de garantie qui lui assurât le moyen d'en être dédommagé.

Voyez les arrêts de la cour de cassation du 7 frimaire an 12, et de la cour de Bordeaux du 23 mars 1809, *Journal du palais*, tom. 4, pag. 103, et tom. 10, pag. 215; l'arrêt de la cour royale de Toulouse du 5 avril 1821; *Journal des arrêts* de cette cour, 10-342; les art. 1560, 1629, 1633 et 1634 du code civil.

GÉNÉALOGIE. — Preuve.

La généalogie s'établit-elle suffisamment par des conjectures, des énonciations consignées dans des actes ou jugemens, et par la commune renommée? — Oui.

Par arrêt du 18 août 1746, rendu au rapport

de M. de Courtois, M.e Jean-Pierre Duclos, prêtre, fut maintenu en la jouissance des émolumens d'un obit fondé en 1630 par un autre Jean Duclos, « pour » être servi par les prêtres de la famille du fonda- » teur, et le revenu en être joui par les religieuses » de Fabas, lorsqu'il n'y aurait point de prêtres » de la famille du fondateur, à la charge par elles » d'en faire faire le service ».

Le syndic des religieuses de Fabas objectait que M.e Duclos ne prouvait la descendance du fondateur que par de simples conjectures, et par les énonciations de quelques actes qui lui étaient même étrangers. Il s'efforçait d'établir que, dans le même temps auquel les actes qui contenaient ces énonciations furent passés, il existait une autre famille de Duclos, dont M.e Jean-Pierre Duclos pouvait descendre. Cependant, comme la généalogie donnée par M.e Duclos se trouvait étayée sur des présomptions et des conjectures assez graves; qu'il avait pour lui la commune renommée, et que le syndic était hors d'état de prouver le contraire, M.e Duclos fut maintenu au préjudice des religieuses de Fabas, quoiqu'il parût établi par un vieux livre de raison, que les religieuses avaient produit, que la famille du fondateur était éteinte. Ce document était d'autant plus digne de confiance, qu'il avait été écrit dans le livre de la main d'un ancien aumônier de l'Abbaye, mort depuis nombre d'années.

Le syndic des religieuses s'étant pourvu par requête civile envers cet arrêt, il en fut débouté par autre arrêt rendu le 8 avril 1748, au rapport de M. de Lacarry.

Suivant

Suivant Faber, *cod.*, lib. 4, tit. 14, déf. 28, celui qui a fait une généalogie, quoiqu'elle ne soit que conjecturale, a suffisamment rempli sa preuve, si celui qui la débat *non indicat quem alium patrem habuerit is de cujus filiatione tractatur*. Il est à remarquer que l'auteur ne dit pas qu'il suffit d'indiquer la simple possibilité d'un autre aïeul ou d'un autre père; il requiert que l'on indique positivement quel est l'autre père, *quem alium patrem habuerit*: il tient, également, pour certain que la filiation et la descendance s'établissent suffisamment par les simples énonciations qu'on trouve dans les actes, dans les sentences et dans les jugemens: *nam cùm filiatio sit difficilis probationis, probari potest per judicia, etiamsi sit de recenti; multò magis probari poterit per verba enunciativa, etiam inter alias partes, in antiquis*. L'ancienneté des actes dans lesquels on trouve ces énonciations leur donne un nouveau degré de force, sur-tout si plusieurs actes se réunissent à porter les mêmes énonciations: *maximè si plurium instrumentorum antiquitas auctoribus concurrat*. Mœnochius, *de arbitr.*, cas. 89, n.° 86, dit, aussi, qu'il suffit de la commune renommée pour établir la descendance.

ANNOTATIONS.

Voyez notre *Mémorial de jurisprudence*, tom. 4, pag. 321, et tom. 13, pag. 341.

L'auteur de l'article *Généalogie*, inséré au *Répertoire de la jurisprudence du notariat*, par M. Rolland de Villargues, s'exprime ainsi, aux n.os 1, 2, 3 et 4: « pour établir légalement » une généalogie, il faut prouver, par des actes publics, que » chaque individu qui doit y prendre place avait le droit d'y

» figurer. Ces actes sont principalement ceux qui constatent les » naissances, les mariages et les décès des citoyens, lorsqu'ils » sont revêtus de toutes les formes probantes.

» Il est souvent très-difficile d'expliquer la filiation de quel» qu'un pour les temps antérieurs à l'ordonnance de 1667, parce » qu'alors, ou les registres de l'état civil étaient mal tenus, ou » il n'en existait pas du tout, au mépris de l'ordonnance de 1539, » rendue par François I.er; mais depuis celle de 1667, depuis la » loi du 20 septembre 1792, et le code civil, les obstacles sont » bien moins ordinaires : ces actes font foi jusqu'à inscription » de faux (code civil, art. 45).

» A défaut d'actes formels, et lorsqu'il n'existe pas de registres » de l'état civil, la preuve est faite par titres, par témoins, par » les papiers domestiques des familles.

» Il peut arriver, même depuis l'ordonnance de 1667, qu'il » soit impossible de prouver, soit la naissance d'une personne, » soit son mariage, ou son décès, parce qu'on ignore le lieu où » ces actes ont été inscrits, ou, même, s'il en a été dressé; et, » pourtant, ces actes sont indispensables pour prouver la légiti» mité d'un héritier direct, ou d'un collatéral. Dans ce cas, il » faut recourir aux actes d'une autre nature, qui peuvent con» tenir des renseignemens utiles, tels qu'un testament, un inven» taire, un contrat de mariage, des titres de noblesse, etc., à » tous les documens, à toutes les circonstances qui concourent à » établir la preuve, et à la faire admettre par les tribunaux ».

I

INSTITUTION CONTRACTUELLE.

Article premier.

INSTITUTION CONTRACTUELLE.—Articles de mariage.

Une institution contractuelle contenue dans des articles de mariage sous seing-privé était-elle valable ?

Le 11 septembre 1775, à la grand'chambre, au rapport de M. de Cantalause, arrêt qui déclara nulle une institution contractuelle faite par un père, en faveur de sa fille, dans des articles de mariage sous seing-privé; les parties étaient la dame de Luppé, veuve de M. de Traversier-Dornal, et autre dame de Traversier, veuve de M. de Bonnecarrère. Cette dernière, qui perdit son procès, s'étant pourvue en cassation au conseil, fut démise de sa requête.

M. Arexy, qui instruisait pour cette dame, invoquait différens arrêts qui avaient validé des institutions faites dans la même forme. Le premier, du 23 août 1749, rendu à la troisième des enquêtes, au rapport de M. de Mengaud, en faveur de la demoiselle Bex (voyez l'espèce de cet arrêt rapporté sous le mot *Donation*, art. 2).

Le deuxième, du 1.er juillet 1775, au rapport de M. de Papus, fut rendu dans l'espèce suivante :

Le sieur Antoine Coma avait institué Marie, sa fille, héritière universelle, par des articles privés de mariage de l'année 1754. Sur la foi de ces articles, le mariage fut célébré avec Paul Coma; les articles furent ratifiés par toutes parties, et rédigés en acte public en 1770 : après la mort d'Antoine, Jeanne-Marie Coma, épouse du sieur Filhastre, demanda la cassation de l'institution contractuelle faite en faveur de sa sœur. Le sénéchal de Tarbes, par sentence du 17 septembre 1774, vu ce qui résultait des articles de mariage et de l'acte de ratification, maintint Marie dans l'entière succession d'Antoine, son père, à la charge par elle de payer à Jeanne-Marie, sa sœur, une légitime de son chef, et une autre légitime du chef d'une autre sœur prédécédée, dont elle était héritière. Jeanne-Marie Coma releva appel en la cour, sur le fondement d'une contravention aux art. 1 et 3 de l'ordonnance de 1731 : l'arrêt déjà cité la démit de son appel avec dépens.

M. Arexy se prévalait, encore, d'un troisième arrêt, rendu le 13 septembre 1774, aux enquêtes, au rapport de M. de Rochefort; arrêt qui, selon lui, avait jugé la question en faveur de M. Fadeuilhe, curé des Bordes, contre le sieur Dupat et la demoiselle Espagne, mariés, puisqu'il avait confirmé des conventions matrimoniales, quoique consignées dans des articles de mariage sous seing-privé, non contrôlés, ni avérés, ni rédigés en acte public.

Il observait que les institutions contractuelles faisaient une classe à part; qu'elles ne devaient être rangées, ni dans les dispositions testamentaires, ni dans l'ordre des donations. *Sic* Eusèbe de Laurière, *Inst. contract.*, chap. 2; Serres et Furgole sur l'ordonnance de 1731; que cette ordonnance ne prescrivait aucune forme pour les institutions contractuelles; que, si elle en parlait à l'art. 13, c'était pour déclarer qu'elles n'étaient point sujettes à la formalité de l'acceptation, ou, ce qui est la même chose, pour les déclarer étrangères à la nouvelle loi; d'où l'on concluait que l'ordonnance avait voulu les laisser *sub veterum legum constitutionumque regulis*.

M. Arexy soutenait qu'il en serait de même, si l'on voulait assimiler l'institution à une donation, parce que, dans ce cas, elle se trouverait affranchie de la formalité de l'acte public par l'art. 46 de l'ordonnance. Voy. Serres et Furgole sur cet article (et *suprà*, v.° *Donation*, art. 2). L'arrêt du 23 août 1749 l'avait jugé de même, en confirmant tout à la fois une donation et une institution consignées dans les mêmes articles : il citait, enfin, un deuxième arrêt, rendu le 13 août 1762, au rapport de M. de Rouville, au profit de M. le président de Souriguergues contre la dame de Valady, arrêt qui confirma une donation de la moitié des biens présens et à venir consignée dans des articles sous seing-privé antérieurs à la célébration du mariage ; et l'arrêt du conseil, du 2 mai 1763, qui démit de la demande en cassation.

On opposait à M. Arexy que le père de la dame de Bonnecarrère, postérieurement à la rédaction des articles, avait fait une disposition contraire ; et l'arrêt du 24 juillet 1750, rendu au rapport de M. de Palarin, et cité par Soulatges, *cout. de Toulouse*, pag. 207, *in fine* : cet arrêt n'eut aucun égard à la donation de la moitié des biens faite en faveur du sieur Arnaud-Joseph Martinet par Pierre Martinet, son père, comme faite par des articles de mariage sous seing-privé, cette donation ayant ensuite été révoquée par le père.

Article 2.

INSTITUTION CONTRACTUELLE. — Caducité.

L'institution contractuelle ne profite-t-elle qu'aux enfans provenus du mariage en faveur duquel elle a été faite, au cas de prédécès de l'institué sur l'instituant? — Oui.

En d'autres termes, l'institution faite en contrat de mariage devient-elle caduque par le prédécès du donataire contractuel, bien qu'il laisse un fils survivant, si ce fils n'est pas provenu du mariage à l'occasion duquel avait été faite l'institution? Oui.

Sic *judicatum*, le 8 juin 1775, aux enquêtes, au rapport de M. d'Albis, en faveur de la demoiselle Lestrade contre le sieur Girbal. M. d'Albis prétendait que l'institution devait profiter à l'enfant du second lit; il fut seul de son avis. Je servais à la même chambre; mais je ne fus pas du nombre des juges, parce que ce jour-là je fus appelé à la grand'-chambre.

A l'appui de l'arrêt, voy. Furgole dans son *Commentaire* de l'art. 10 de l'ordonnance de 1731; M. Grenier, *Traité des donations*, tom. 2, pag. 22, n.° 420.

ANNOTATIONS.

Voy. aussi Guilhon, *Traité des donations*, tom. 2, pag. 351, n.° 932; M. Toullier, tom. 5, pag. 758, n.° 841.

Article 3.

INSTITUTION CONTRACTUELLE. — Préciput. — Décès. — Institué. — Petits-Enfans. — Élection.

Une institution contractuelle est-elle tellement irrévocable, que le père instituant ne puisse, après le décès de son fils institué, et mort à la survivance de plusieurs enfans, élire l'un de ces enfans pour lui attribuer l'objet de l'institution, de la même manière que le père institué seul l'eût pu faire lui-même? Non.

L'institution contractuelle est une invention de notre droit français, introduite d'abord dans le droit coutumier, et adoptée, ensuite, dans les pays de droit écrit avec différentes modifications.

Suivant la jurisprudence du parlement de Toulouse en cette matière, l'instituant n'est dépouillé de son vivant, ni de l'administration, ni de la propriété de ses biens ; ce n'est là qu'un pacte de succéder qui se rapporte à l'époque de la mort de l'instituant, qui constitue un véritable héritier, et qui ne diffère de l'institution testamentaire que par rapport à son irrévocabilité.

L'héritier contractuel n'est donc pas saisi de la propriété, il n'a qu'une espérance ; mais, pour que cette espérance se réalise, il faut attendre le décès de l'instituant. Toute institution renferme avec elle la condition tacite que l'institué survivra à l'instituant ; ce n'est que par l'événement de cette condition qu'elle reçoit sa perfection, et qu'elle produit l'effet de saisir l'institué, en lui transportant un droit réel sur les biens compris dans l'institution. Telle était la doctrine de Fernand *ad cap. unic. de filiis natis*, part. 7, n.° 2.

Le prédécès de l'institué avant l'instituant rend l'institution caduque ; il répugne à la nature de cette disposition que l'institué qui meurt avant l'instituant puisse transmettre, de son chef, un droit qu'il n'a pas lui-même sur les biens de l'instituant ; droit qui ne consiste qu'en une simple espérance, subordonnée au prédécès de l'instituant. Cependant les enfans de l'institué sont reçus, dans ce cas, à profiter de la libéralité destinée à leur père, s'il arrive qu'ils survivent à l'instituant ; mais ce n'est pas alors du chef de leur père qu'ils peuvent revendiquer des droits sur l'institution contractuelle, mais bien de leur chef propre, parce que l'institution contractuelle ayant été déterminée par la circonstance du mariage, et ayant aussi le mariage pour objet, on suppose que l'instituant a eu aussi en vue les enfans qui en proviendraient, à l'effet de les appeler, par une espèce de substitution vulgaire, pour recueillir l'institution en défaut du père. C'est ce qu'expliquent Eusèbe de Laurière dans son *Traité des institutions contractuelles*, tom. 1, pag. 261 et suiv.; tom. 2, pag. 149 et suiv.; Ricard, tom. 1, chap. 4, sect. 2, dist. 3, n.º 1075; Coquille en sa *Quest.* 172; Dupérier, liv. 4, quest. 6; Lebrun, des *Succes.*, liv. 3, chap. 2, n.º 34; l'auteur du *Traité des élections*, pag. 23 et 24; voy. aussi Lapeyrère, lett. I, n.º 32; Serres, *instit.*, liv. 2, tit. 14 (M. Merlin, *Quest. de droit*, v.º *Institution contractuelle*, § 2; et M. Grenier, *Donat.*, tom. 1, pag. 83 et 84). (1)

D'après ces principes, la jurisprudence du parlement a accordé à l'aïeul le droit d'élire parmi les enfans de son fils prédécédé pour recueillir l'effet de l'institution contractuelle, privilège dont il ne jouit pas à l'égard des biens donnés au fils, parce qu'à l'égard de ces biens, celui-ci se trouvait, de son vivant, saisi et investi de la propriété, dont il a aussi transmis les droits à ses héritiers.

La question a été jugée dans ce sens par arrêt du 1.er mars 1731, rapporté par Boutaric dans son *Commentaire* de l'art. 13 de l'ordonnance de 1731; par Furgole, *ibid.*; par Sudre, *loc. dict.*, et au *Journal du palais*, tom. 5, pag. 145.

(1) Les mêmes principes ont été consacrés par le code civil, art. 1082 et 1083.

Boutaric fait ainsi l'espèce de cet arrêt : « un » père mariant son fils, l'institue ou promet de l'ins- » tituer son héritier ; et, par le même acte, il lui fait » le délaissement de certains biens à titre de donation » entre-vifs. Le fils décède avant le père, laissant à » lui survivant deux enfans ; et l'aïeul, par son tes- » tament, nomme un de ses petits-enfans pour » recueillir, tant les biens donnés, que ceux dépen- » dans de l'institution contractuelle. Arrêt, le 1.er » mars 1731, en la première chambre des enquêtes, » au rapport de M. de Viguerie, qui confirme l'élec- » tion ou nomination pour les biens dépendans de » l'institution ; mais qui la déclare nulle pour les » biens compris en la donation. M. d'Olive, en l'*Ad-* » *dition*, liv. 5, chap. 14, rapporte un arrêt con- » forme, en ce qui regarde la nomination aux biens » dépendans de l'institution contractuelle ».

Voilà deux arrêts qui ont jugé la question de la manière la plus formelle ; et le premier est un préjugé d'autant plus remarquable, qu'il fut rendu après partage, par conséquent, après la discussion la plus approfondie.

Je connais un troisième arrêt plus récent qui a jugé la même question sur des mémoires imprimés, et en très-grande connaissance de cause. Les parties jouissaient d'un crédit immense, et attachaient un prix infini au succès de leurs prétentions. Cet arrêt, rendu le 20 juillet 1778, au rapport de M. de Firmy, en faveur du marquis de Castelbajac contre la dame de Ténet, sa sœur, jugea que M. de Monda, leur aïeul maternel, avait pu, après le décès de la dame Monda de Castelbajac, sa fille, nommer M. de

Castelbajac, son petit-fils, pour recueillir l'institution contractuelle faite en faveur de la mère dans son contrat de mariage, et cela au préjudice de la dame de Tenet, sa sœur. M.e Lacroix avait instruit pour le marquis de Castelbajac.

On voit, par ces divers arrêts, que la jurisprudence du parlement n'a jamais varié sur cette question; elle a toujours conservé à l'aïeul le droit d'élire un de ses petit-fils à l'institution contractuelle qu'il avait faite en faveur de leur père prédécédé; tandis qu'elle lui a toujours refusé cette prérogative, lorsqu'il a été question d'une véritable donation entre-vifs.

Eusèbe de Laurière, celui de nos auteurs qui a le plus approfondi et le mieux développé la matière des institutions contractuelles, examine, au tom. 2, pag. 177 et suiv., n.os 55, 56, 57 et 58, la question dont je m'occupe; il se décide pour l'affirmative. Au n.o 58, pag. 180, entr'autres motifs qui ont déterminé son opinion, il s'attache à celui-ci : « quand » on dit que celui qui intervient dans un contrat de » mariage, et qui y institue un des conjoints, est » sensé instituer aussi, ou, pour mieux dire, substi- » tuer vulgairement les enfans qui en naîtront, au » cas que le conjoint institué prédécède, il faut » entendre qu'il institue ces enfans héritiers pour les » parts qu'il leur donnera dans la succession, *ex* » *partibus quas adscribet* : leg. 2 et 36, ff *de* » *hæred. instit.* ».

Voilà donc le motif principal qui a servi de base aux arrêts dont on a rapporté l'espèce; c'est parce qu'on a considéré l'institution contractuelle comme si le père avait dit qu'il promettait d'instituer héritier son fils, ou les enfans de celui-ci, à son défaut.

L'opinion que je viens d'exprimer sur cette question importante fut pleinement adoptée dans une conférence à laquelle je fus appelé avec MM. Gary, Arexy et Mascart.

ANNOTATIONS.

La cour royale de Toulouse, par son arrêt du 3 juin 1825, *Mémorial*, tom. 12, pag. 156, a résolu la question dans un sens contraire aux trois arrêts mentionnés ou rapportés par M. de Lavigucrie; elle a refusé à l'instituant, dans l'hypothèse posée, le droit d'élire un de ses petits-enfans, pour lui attribuer, à titre de préciput, la portion de biens dont il aurait pu disposer en l'absence de l'institution; et cette opinion est conforme à celle de Fernand, rapportée par Furgole en ses *Observations* sur l'art. 13 de l'ordonnance de 1731; de M. Grenier, *Traité des donations*, tom. 2, pag. 16 et suiv., n.os 415, 416 et 417; de Guilhon, *Traité des donations*, tom. 2, pag. 378, n.° 960; de M. Merlin, en son *Répert. de jurisp.*, v.° *Institution contract.*, § 13, n.° 5. Voici comment ce dernier auteur, après avoir mentionné la jurisprudence du parlement de Toulouse, établit son opinion : « un père, dit-il, qui ne s'est point lié les mains, peut partager ses biens comme il lui plaît, sauf la légitime, parce que la loi lui en donne expressément le pouvoir; mais celui qui a fait une institution contractuelle au profit de plusieurs personnes ensemble, avec déclaration expresse des portions que chacune d'elles prendra dans ses biens, ne peut plus, dans la suite, diminuer la part qu'il a promise à l'un des institués, pour augmenter celle des autres, parce que l'irrévocabilité est de l'essence de ces sortes de dispositions.

» S'il en est ainsi dans le cas où l'instituant a spécifié les parts qu'il entendait laisser aux institués, il en doit être de même lorsqu'il ne s'est point expliqué sur cet objet, parce qu'en ce cas il est censé avoir ordonné un partage égal : *si plures instituantur, dividi inter eos à testatore jus oportet; quod si non fiat, omnes æqualiter hæredes sunt* : ce sont les termes de la loi 9, § 12, ff *de hæred. instituendis*.

» Il faut donc tenir pour constant que, lorsque deux personnes, qui se mariaient dans le même temps, ont été instituées conjointement, par un seul contrat de mariage, il ne dépend point de l'instituant d'en avantager une au préjudice de l'autre.

» Or, la substitution vulgaire des enfans, qui est toujours contenue tacitement dans l'institution de leurs père ou mère, est elle-même une institution véritable : *substitutio est secundi hæredis institutio*, dit la loi 43, §2, ff *de vulgari et pupillari substitutione*.

» On doit donc raisonner à l'égard des enfans d'un institué, considérés comme substitués vulgairement à leur père, de la même manière qu'on le ferait relativement à plusieurs personnes instituées directement par un même contrat de mariage ; et, par conséquent, il faut dire que l'instituant n'est pas maître d'avantager un des enfans de l'institué au préjudice des autres ».

Article 4.

INSTITUTION CONTRACTUELLE. — Caractère.

Une institution héréditaire contractuelle des biens présens et à venir avait-elle les caractères d'une donation entre-vifs, quant aux biens présens, de telle sorte qu'il dût être permis à l'institué d'opter pour la donation des biens présens du jour du contrat qui la renfermait? Oui.

Sic *judicatum* par arrêt rendu le 18 août 1756, à la chambre Tournelle, au rapport de M. de Bojat, sur le motif qu'il ne peut pas y avoir d'hérédité pour les biens présens *cùm viventis nulla sit hæreditas*. Les parties étaient la dame de Balette, veuve du sieur de Saint-Martin, agissant en qualité de tutrice de ses enfans, et le nommé Louis Thou, défaillant, condamné à mort par contumace, et les enfans dudit Thou, dont l'aîné, Pierre, était institué héritier contractuel des biens présens et à venir. Il fut reçu à opter pour les biens présens du jour du contrat de mariage.

Je tiens de M. Delort le père qu'il avait été rendu le 23 juillet 1776, à la 2.e des enquêtes, au rapport de M. Juin de Siran, un arrêt contraire, qu'il croyait plus conforme aux vrais principes.

La jurisprudence du parlement a toujours été très-incertaine sur cette question. Aguier, dans son tom. 2, pag. 304, du *Supplément au Journal du palais* de Toulouse, rapporte un arrêt du 3 février 1766, qui reçut l'héritier de la personne en faveur de laquelle une promesse d'instituer avait été faite, à opter cette promesse du jour du contrat de mariage, encore qu'il y eût eu immixtion sans inventaire. A la page 305, il atteste que le sieur Desnault, qui, dans l'espèce de cet arrêt, soutenait qu'à raison de l'immixtion, et du défaut d'inventaire, la répudiation du patrimoine devait être entière, et que la promesse d'instituer ne pouvait pas être divisée, citait un premier arrêt du 20 juin 1749, rendu au rapport de M. de Miramont, qui avait jugé, contre la divisibilité, que l'héritier contractuel des biens présens et à venir n'avait pas la faculté d'opter, et qu'il fallait qu'il prît les biens tels qu'ils étaient *tempore mortis* : c'était dans la cause du sieur Delbes, Jeanne Mouffié et Sabatier. Le sieur Desnault citait un second arrêt, rendu le 2 mai 1754, au rapport de M. de Monserrat, en faveur du sieur Mas contre le sieur Boyer (Voy. *infrà*, v.° *Promesse d'instituer*).

ANNOTATIONS.

Voy., sur la question, Furgole, *Observ.* sur l'art. 13 de l'ordonnance de 1731 ; M. Grenier, *Donat.*, tom. 2, pag. 53, n.° 434 ; et l'art. 1089 du cod. civ.

INSTITUTION CONTRACTUELLE. — Voy. *Promesse d'instituer.*

Article 5.

INSTITUTION D'HERITIER. — Condition. — Charges. — Legs. — Secrets.

Une institution d'héritier faite sous une condition qui ne doit être exprimée que dans un acte postérieur au testament, doit-elle être considérée comme pure et simple, lorsque le testateur est décédé sans avoir fait connaître cette condition ? — Oui.

La charge imposée à l'héritier d'acquitter les legs que le testateur lui a communiqués en secret, et dont il lui a confié l'exécution, annulle-t-elle la disposition, comme abandonnée à la volonté d'un tiers ?

L'institution d'héritier doit être claire et certaine ; il ne doit pas y avoir d'équivoque sur la personne instituée. Le testament est défini par la loi 1, ff *qui testam. fac. poss.* : *voluntatis nostræ justa sententia de eo quod quis post mortem suam fieri velit.* Le caractère de tout testament est d'être précis. Le doute, l'incertitude, ou l'obscurité dans une institution, suffisent pour l'annuler : *quoties non apparet quis hæres institutus sit, institutio non valet.* La nomination de l'héritier doit être le fait du testateur lui-même, et ne pas dépendre de la volonté d'un tiers : *institutio illa vitiosa est quæ alieno arbitrio permissa est.* Leg. 32, ff *de hæred. instit.*

Voilà des principes invariables. Mais on sait que les principes généraux ne sont établis que pour régler, par voie d'induction, les cas qui n'ont pas été prévus. Les lois fournissent pour les autres cas des décisions particulières dont il n'est pas permis de s'écarter. Voici deux lois précises qui excluent l'application des principes généraux :

La 36.e, ff *de hæred. instit.*, décide que, si le testateur a institué Titius en la portion d'hérédité qu'il lui fixerait par son codicille, Titius est héritier institué en seul, quoique le codicille ne contienne pas de fixation : *si quis ita scripserit hæredem*, EX QUA PARTE CODICILLIS TITIUM HÆREDEM SCRIPSERO, HÆRES ESTO ; *etiamsi pars in codicillis non fuerit adscripta, erit tamen hæres, quasi sine parte institutus.*

Dans la loi 8, au *cod. de inst. et subst.*, le testateur a institué un héritier sous des conditions qu'il annonce devoir exprimer. Dans le fait, il n'exprime aucune condition : l'institution deviendra-t-elle inutile ou caduque ? sera-t-elle, au contraire, pure et simple, par cela même que le testateur a omis de prescrire la condition ? la regardera-t-on comme un projet qui s'est évanoui, ou bien comme une libéralité consommée sur la tête de celui qui semblait devoir être assujetti à une condition ou charge quelconque ? Voici les termes et la décision de la loi : *si testamentum ita scriptum inveniatur*, ILLE HÆRES ESTO SECUNDUM CONDITIONES INFRA SCRIPTAS ; *siquidem nihil est adjectum, neque aliqua conditio in testamento posita est, supervacuam esse conditionum pollicitationem sancimus, et testamentum puram habere institutionem.*

Mornac, sur cette loi, s'explique ainsi : *hinc*

doctores : institutio facta sub conditione, vel modo, vel demonstratione, aut declaratione inferiùs exprimendis à testatore, non vitiatur, licet posteà non exprimatur.

Godefroy, *ibid.*, enseigne que la clause, AUX CONDITIONS CI-DESSOUS ÉCRITES, ne fait, elle-même, condition, qu'autant que le testateur ajoute, ensuite, les conditions dont il entend parler : *hæc clausula conditionem facit, si conditiones posteà exprimantur et adjiciuntur;* de sorte que, s'il ne les ajoute point, l'institution, qui part en soi du principe d'une volonté déterminée, subsiste toujours, et devient pure, n'étant pas raisonnable qu'elle soit infirmée par l'omission d'une disposition accidentelle dont le testateur était le seul arbitre, et qu'il lui aurait été libre d'exprimer, s'il eût persisté à vouloir que son héritier y fût assujetti. *Etiamsi*, continue Godefroy, *destinata adjectio conditionis testamento non inseritur, testamentum non vitiatur; accidentia omissa testamentum non infirmant.*

Cette doctrine fut consacrée par un arrêt du parlement, rendu le 15 mars 1776, à la grand'chambre, au rapport de M. de Reynal. C'était dans la cause des dames de Faurie, marquise de Gailhac, de Bories de Labarthe, Lezeret de Martin, et autres, contre MM. de La Coste-Beaufort, chanoine de l'église cathédrale de Cahors, et de La Coste de Ribot, chanoine de la même église, et vicaire-général, frères.

Dans l'espèce de cet arrêt, la dame de Chevaille, épouse du sieur comte d'Arcambal, institua, par son dernier testament du 9 novembre 1772, MM. de

de La Coste, ses héritiers, en ces termes : « et en
» tous et chacun mes autres biens, en quoi qu'ils
» consistent et puissent consister, je nomme et
» institue mes héritiers universels et généraux MM.
» de La Coste, frères,.... pour, par eux, disposer
» de mon hérédité, et en faire les bonnes œuvres
» et autres emplois que je me réserve de leur
» recommander et de leur en faire le détail ; espérant
» bien que, mettant en eux toute ma confiance,
» et reconnaissant leur zèle, leur probité et leur
» droiture, comme je les connais, il auront la
» bonté d'exécuter mes volontés et mes intentions
» en tous points ; et pour la plus parfaite exécution
» d'icelles, et afin d'aider à mesdits héritiers de les
» seconder, je prie ledit messire François-Antoine
» Deffax d'Arcambal, mon très-cher et très-respec-
» table époux, et M.e François Reygasse, avocat
» en parlement, d'être mes exécuteurs testamen-
» taires ».

Cette institution était précédée d'une libéralité considérable en faveur de plusieurs des parens les plus proches de la testatrice : les legs qu'elle leur fit se portèrent à 61,000 liv.

La dame de Chevaille mourut dans cette disposition le 30 du même mois ; et, après son décès, il ne fut trouvé, ni codicille, ni acte quelconque, qui contînt le détail des bonnes œuvres ou autres emplois dont elle parlait dans son testament.

Instruits de ses intentions, les sieurs de La Coste s'immiscèrent dans l'hérédité pour les remplir. Une foule de parens collatéraux au troisième degré les assignèrent au sénéchal de Cahors, pour se voir condamner à leur délaisser, comme héritiers *ab intestat*, les biens qui en dépendaient, et, en tout événement, voir prononcer la nullité et cassation du testament.

Les parens collatéraux fondaient cette nullité sur le motif qu'au décès de la dame d'Arcambal il n'avait été trouvé, ni codicille, ni acte quelconque, qui fît connaître le genre des bonnes œuvres ou des autres libéralités dont elle parlait dans sa disposition.

Le sénéchal, sans s'arrêter à ce moyen, relaxa les sieurs de La Coste, par appointement du 11 mai 1773.

Appel au parlement de la part des parens collatéraux.

Pour le justifier, ils disaient que l'institution d'héritier ne frappait que de nom sur la tête de MM. de Lacoste; que ceux-ci n'avaient pour eux que *vanum nomen hæredis*; que les bonnes œuvres et autres emplois étaient les véritables héritiers; que l'institution était, conséquemment, vague et indéterminée; enfin, que la testatrice n'ayant pas fait le détail de ses libéralités, le cas actuel retombait, ou dans la règle qui proscrit l'incertitude sur la personne instituée, ou dans celle qui rejette l'institution subordonnée à la volonté d'un tiers.

Ils ajoutaient, que la réservation faite par la testatrice de détailler les bonnes œuvres, et autres emplois, auxquels elle destinait l'universalité de ses biens, formait la condition ou la cause finale de l'institution; de sorte que la dame d'Arcambal étant morte sans déclarer sa volonté à ce sujet, la condition n'avait pas été remplie ; et ce silence suffisait, selon eux, pour entraîner la caducité de l'institution.

Ils soutenaient que l'institution des sieurs de La Coste ne contenait qu'un pur dépôt, un mandat de remettre la succession de l'instituante aux bonnes œuvres et autres emplois, qui étaient ses vrais héritiers ; que ce mandat était conditionnel et dépendant de la déclaration que la testatrice s'était réservée de faire.

Il est avéré, concluaient-ils, que cette déclaration réservée n'avait jamais eu lieu ; et, s'il en est ainsi, il est évident que le mandat était resté aux termes d'un simple projet, et que, dès-lors, l'institution devenait caduque.

Cette déclaration eût-elle même été faite verbalement, elle n'aurait plus été, dans ce cas, qu'une disposition purement verbale, dont la nullité était prononcée par l'ordonnance de 1735.

Les sieurs de La Coste disaient, au contraire : puisque la dame d'Arcambal est morte sans déclarer, par aucune sorte d'acte, les bonnes œuvres et autres emplois dont elle s'était réservée dans son testament de faire le détail, et si l'on suppose que nous ne soyons pas instruits d'ailleurs des intentions où elle était lorsqu'elle testa, il s'ensuit que notre institution a été purifiée, ou, ce qui revient au même, dégagée du mode et de la destination que la testatrice avait d'abord projeté d'y attacher. Elle forme, en elle-même, une disposition parfaite. La testatrice avait projeté de la modifier, en nous imposant la charge, la condition d'employer l'hérédité, en tout ou en partie, à de bonnes œuvres, ou autres emplois, qu'elle se réservait de prescrire. Dès qu'elle n'a point exécuté la réservation, son projet s'est évanoui ; elle l'a abandonné : rien ne le prouve mieux que son silence ; et, dès-lors, la disposition, à laquelle il ne manquait rien pour être valable, s'est irrévocablement fixée sur notre tête. Nous pouvons donc garder l'hérédité pour nous-mêmes : la loi nous en a investis ; mais étant instruits positivement de l'usage auquel la testatrice désirait que nous l'employassions, nous déclarons, sans y être tenus, que nous n'entendons en faire aucun profit ; mais bien l'employer conformément à ses intentions, qui ne portent sur aucun objet prohibé par les lois du royaume ; et, à cet égard, nous offrons de les faire connaître à la cour, si sa sagesse le juge nécessaire.

Ces moyens furent accueillis. L'arrêt déjà cité démit les parens collatéraux de la dame d'Arcambal de leur appel ; par où l'institution contenue au testament de cette dame fut déclarée valable.

ANNOTATIONS.

A l'appui de l'arrêt rapporté par M. de Laviguerie, l'on peut citer Ricard, *Traité des dispositions conditionnelles*. Cet auteur, chap. 5, sect. 2, n.° 288, s'exprime ainsi : « si le testateur n'a » pas expressément déclaré la condition, et qu'il ait simplement » réservé à la dire dans la suite, sans, néanmoins, l'avoir fait, » dans l'événement, la disposition demeure pure et simple ; donc » la raison est que cette restriction ne passe que pour le commen- » cement d'une pensée que le testateur, dans la suite, n'a pas » trouvé à propos de produire et de mettre en effet ; laquelle, » par conséquent, ne peut point donner atteinte à une disposi- » tion parfaite : *si testamentum ita scriptum inveniatur*, etc.,.. ».

C'est le texte de la loi 8, au cod. *de Instit. et Substit.*, dont M. de Laviguerie a copié les termes.

Antonius Faber, *de error. pragmat.*, *dec.* 53, *err.* 9, a émis une opinion contraire. Ricard, *loc. dict.*, n.° 291, a rendu ainsi les motifs de l'opinion que cet auteur a adoptée : « l'institution d'héritier étant quelque chose d'individuel, l'on ne peut » pas diviser les termes dont le testateur s'est servi pour la faire; » de sorte qu'ayant destiné de la faire conditionnelle, et s'y étant » engagé par l'expression dont il fait usage dans l'espèce proposée » à l'empereur, *ille hæres esto secundùm conditiones infrà scriptas*, la clause ne peut pas valoir pour partie, et demeurer sans » effet en l'autre. La condition n'étant point parfaite et accomplie, l'institution ne peut pas, non plus, être exécutée, dès qu'il » paraît que l'intention du testateur n'a pas été de faire une » institution pure et simple, mais conditionnelle. Enfin, la » présomption que l'on tire de ce que, dans le fait, il n'a point » déclaré la condition, pour en conclure qu'il a changé de pensée, » et a voulu laisser sa disposition pure et simple, n'est pas suffisante, attendu que l'on ne peut point, par une simple » conjecture, déroger à ce qui se trouve bien et solennellement » écrit ».

Ricard répond : « je ne puis, toutefois, entrer dans le sentiment de cet auteur; et je crois que la loi du code est fondée » sur les véritables principes du droit, en ce qui concerne la » matière testamentaire, et particulièrement celle des conditions...... ».

La loi 9, ff *de hæred. instit.*, avait paru opposée à la loi 8, cod. *de inst. et subst. sub condit. factis*, et la contrariété apparente de l'une à l'autre avait jeté les interprètes dans un conflit d'opinions. Ricard, *ubi suprà*, a cherché à les concilier; et Cujas, en commentant la loi 9, au ff, après avoir donné de la manière la plus précise la même explication que Ricard, ajoute : *nihil ergo hæc Marcelli sententia* (leg. 9, § 5, ff *de hæred. instit.*) *commune habet cum lege penultimâ, codice de instit. et subst. sub conditione factis, in quâ traditur hanc institutionem valere*, HÆREDES SUNTO SUB CONDITIONE QUAM ADSCRIPSERO, *nullâ conditione adscriptâ; in hâc enim scripturâ nullus error est, sed polliciti oblivio tantùm, vel omissio consulta, vel præstandi polliciti morte prærepta facultas.*

La question jugée par l'arrêt du 15 mars 1776 touche de

près à un point de droit très-important, et qui n'est pas encore fixé dans la jurisprudence actuelle, celui de savoir si la charge imposée à l'héritier d'acquitter les legs qu'on lui a confiés en secret annulle la disposition, comme abandonnée à la volonté d'un tiers.

Il y a sur cette question plusieurs arrêts rendus par les cours souveraines de l'ancien régime. Louet, lett. L, sommaire 5, et Ricard, *Donat.*, part. 1.re, chap. 3, sect. 12, n.o 591, en rapportent un du 23 décembre 1580, dans l'espèce duquel il s'agissait du curé de la paroisse Saint-Jacques-de-la-Boucherie, de Paris, à qui le sieur Perdrier avait légué 3000 *écus d'or soleil, pour être employés et convertis en œuvres pitoyables, selon et ainsi que ledit testateur a fait connaître son intention audit sieur curé, et sans qu'il soit tenu d'en rendre aucun compte.* Ce legs fut disputé par les héritiers; mais l'arrêt ordonna que le montant en serait délivré au curé de Saint-Jacques-de-la-Boucherie, *pour être distribué aux œuvres pitoyables que le testateur lui avait fait entendre avant de mourir, et sans qu'il fût tenu d'en rendre compte.*

Brodeau, sur Louet, rapporte un arrêt semblable rendu par le même parlement, le 14 avril 1615, à l'occasion d'un legs de la somme de 9000 liv., qui devait être employée, aussi, en œuvres pies et secrètes. Brodeau observe que ces principes sont fondés sur la foi et la religion du dépôt, et, principalement, de celui qui a été commis par un homme mourant à la conscience d'un curé, ou d'autres personnes ecclésiastiques, qui étaient autrefois les dépositaires ordinaires des testamens et ordonnances de dernière volonté, au rapport de Nicéphore et autres auteurs.

Brodeau, *ibid.*, n.o 17, et Gueret, dans son *Journal du palais*, rapportent également un autre arrêt de la même cour, rendu le 5 décembre 1673, à l'audience de la grand'chambre, entre Jean Havard, appelant, et M. Pepin, chanoine de Soissons; arrêt qui jugea qu'une disposition universelle de tous biens faite au profit d'un directeur spirituel, pour en disposer suivant les intentions de la testatrice, qu'elle disait lui avoir déclarées, était bonne et valable.

Brodeau, n.o 18, et Ricard, *ubi sup.*, rapportent un quatrième arrêt du parlement de Paris, du 27 janvier 1684, qui confirma un legs universel fait par Charles Langlais, chanoine et archidiacre de l'église de Meaux, à distribuer selon la volonté du nommé

Urbain, apothicaire, exécuteur de son testament, qui l'avait soigné dans sa dernière maladie, et qui déclara, depuis, que la volonté du défunt était que ses biens fussent distribués à l'Hôtel-Dieu et à l'hôpital de Meaux.

Basnage, en son *Commentaire de la cout. de Normandie*, tom. 2, tit. *des Testam.*, art. 412, rapporte, aussi, des arrêts du parlement de Rouen, des années 1635, 1637, 1658 et 1661, qui tous ont déchargé des curés, ou autres ecclésiastiques, de la nécessité de rendre compte des sommes qui leur avaient été confiées par des mourans pour les employer en œuvres pies.

Telle était, aussi, la jurisprudence du parlement de Provence. Boniface, tom. 2, part. 2, liv. 2, tit. 1, chap. 3, pag. 87, a recueilli un arrêt de ce parlement, du 29 avril 1641, qui jugea qu'un exécuteur testamentaire avait le droit de distribuer le legs qui lui avait été fait par le testateur suivant les intentions que ce même testateur lui avait fait connaître, et à la charge, seulement, de déclarer « qu'il ne ferait cette distribution à aucune personne » prohibée de droit ». On en trouve un autre, du 29 août 1671, qui renferme la même décision, dans Montvallon, *Traité des successions*, chap. 5, art. 21; voy., encore, Bretonnier sur Henrys, tom. 2, liv. 5, quest. 28.

Le parlement de Toulouse étendit, même, sa jurisprudence jusqu'à des héritiers qui avaient reçu de pareils dépôts, et qui n'étaient pas des ecclésiastiques. Catellan, liv. 1, chap. 23, en fait la remarque : « l'héritier, dit-il, chargé dans sa conscience par le » testateur d'employer des sommes même considérables en aumônes » et autres œuvres pies, n'est point tenu d'en rendre compte, et » de faire apparoir de la disposition qu'il en a faite, ainsi qu'il » a été jugé en l'audience de la grand'chambre le 15 avril 1670, » dans un cas où les présomptions sur l'accomplissement de la » volonté du testateur sur ce point étaient, même, assez équivoques » et assez incertaines ». Serres, *Instit.*, liv. 2, tit. 20, § 28, observe que cela a été jugé plusieurs fois.

Ce principe a, même, été porté jusqu'à consacrer les dépôts pieux faits verbalement. L'annotateur de Ricard l'observe lui-même : « on a porté souvent, dit-il, bien plus loin la déférence pour les » intentions secrètes des défunts; car on trouve nombre d'arrêts » de différens parlemens qui ont ordonné que des dépôts faits » verbalement par des moribonds, pour la décharge de leur conscience, seraient respectés ».

La question, considérée d'après les lois nouvelles, est diversement résolue par les arrêts.

A l'appui des décisions de l'ancienne jurisprudence, et de l'opinion que la disposition à charge de remplir des intentions pieuses n'est pas contraire au vœu de la loi nouvelle, sur-tout lorsque l'héritier ou le légataire affirme que le legs secret dont il est chargé n'est pas au profit d'un incapable, voy. les arrêts de la cour royale de Paris, du 30 mars 1818, M. Sirey, 1818-2-190, et de la cour de cassation, du 14 décembre 1819, M. Sirey, 1820-1-131, et *Journal du palais*, tom. 21, pag. 724; une consultation délibérée par MM. Desèze père, Porcher, Poirier, Delamalle, Bellart, Lacalprade, Gayral et Colin, en faveur du prêtre Laugier, M. Sirey, 1811-1-357; l'extrait d'un mémoire publié par M. Siméon dans l'intérêt de M. Thiesset, M. Sirey, 1818-2-190. Dans la consultation que nous avons déjà mentionnée l'on trouve l'indication d'un arrêt de la cour d'Aix, du 24 juillet 1807, dont le considérant est en ces termes : « considérant, 2.° que le legs laissé à la volonté » d'un tiers est nul; mais autre chose est de subordonner la libé- » ralité à la volonté d'autrui, et autre chose est de confier à » l'exécuteur testamentaire, qu'on instruit de sa volonté, l'exécu- » tion de cette volonté : *aliud est in alterius voluntatem aliquid* » *conferre, aliud alicui mandare, tanquàm mentis suæ instructo,* » *ut, cùm casus venerit, ejus fidem faciat* (*Godefroy*, sur la loi » *Theopompus*, ff *de dote prælegatâ*); que les lois n'ont pas interdit » au testateur la faculté de déposer sa volonté dans le sein d'un » ami, d'une personne digne de sa confiance, et dont la probité » assure l'exécution de cette volonté, et que le sieur Court a été » indiqué comme tel par la dame Aguin, veuve Durand; que le » doute que les intimés ont affecté, que l'intention de la testatrice » ne fût pour tout autre que le sieur Mélan, est repoussé par le » vœu de la loi, qui ne prohibe pas les dispositions de cette nature, » et par les expressions, même, de la testatrice, qui s'en rapporte » avec une entière confiance dans la probité du sieur Court, qui » lui est très-bien connue ».

Pour l'opinion contraire, voy. les arrêts de la cour d'Aix, du 5 juin 1809, et de la cour de cassation, du 12 août 1811, M. Sirey, 1811-1-357; *Journal du palais*, tom. 12, pag. 658, et M. Merlin, *Répert. de jurispr.*, v.° *Légataire*, § 2, n.° 18 bis, 4.e édit.; les arrêts de la cour de cassation, du 8 août 1826, et de la cour de

Besançon, du 6 février 1827, M. Sirey, 1827-1-47 et 2-262, et *Journal du palais*, tom. 1 de 1827, pag. 329.

Nous devons faire remarquer que les arrêts de la cour d'Aix et de la cour de cassation, des 5 juin 1809 et 12 août 1811, intervenus dans l'affaire des héritiers Mérindol contre le sieur Laugier, sont dans cette circonstance particulière, que le sieur Laugier, chargé d'exécuter les dispositions secrètes du testateur, *n'était point légataire.* La somme de 14,000 fr., sujet du litige, ne lui était point donnée; elle devait, seulement, lui être remise pour en faire l'emploi que le testateur lui avait indiqué; en sorte qu'il n'y avait point de disposition certaine, point de légataire connu, par conséquent, point de testament; tout était laissé à la volonté d'autrui. Aussi les rédacteurs du *Journal du palais*, et M. Sirey, observent-ils qu'il ne faudrait pas *conclure* de ces arrêts qu'il soit défendu à un mourant de *choisir un homme de bien*, et de lui conférer un legs, à charge par lui de remplir des intentions pieuses.

INTERLOCUTOIRES.

Article premier.

INTERLOCUTOIRES (Jugemens).

Les juges sont-ils liés par les jugemens interlocutoires qu'ils ont rendus?

Les arrêts interlocutoires ne lient point les juges; ils ne sont que des jugemens préparatoires pour éclairer la religion de la cour, ou du tribunal qui les rend. C'est là un principe qu'on retrouve dans tous les auteurs : « par les interlocutoires, dit d'Olive, liv. 1.er, chap. 25, on n'est pas censé avoir reçu du préjudice, *quia nullam causam interlocutiones perimunt* ». « Ordinairement les arrêts interlocutoires, dit Maynard, liv. 7, chap. 17, ne peuvent faire bresche à la droicture du principal, si la iustice d'iceluy après vient à estre plus certainement esclaircie ». Les interlocutoires sont toujours réparables, dit Cujas, sur le titre du code *de sent. et interloc.* : *interlocutio retractari, corrigi, commutari potest, subindè quia, ut ait lex* 9, cod. cod., *interlocutio plerumquè rem non perimit*. Lorsqu'un jugement n'est pas définitif, le juge qui l'a rendu a la liberté de prévenir les injustices qui en résulteraient, parce qu'un jugement de cette nature n'est pas un véritable jugement ; mais, seulement, une préparation au jugement ultérieur, suivant la remarque de Bornier sur Ranchin, v.° *Sententia*, art. 8 : *simplex interlocutoria potest à judice semel reparari, quia talis sententia non est propria sententia*. Le défaut d'instructions suffisantes ayant déterminé le juge à prendre des éclaircissemens, il doit profiter de tous ceux qui se présentent pour rendre une décision conforme à l'équité ; ce qui a fait dire au président Faber, cod., lib. 4, tit. 3, déf. 3, n.° 6 : *omnes sententiæ interlocutoriæ conditionem illam, sive expressam, sive tacitam, semper habere intelliguntur, si non posteà in contrarium quicquam pronunciabitur*. Voyez encore Ranchin, sur la *quest.* 347 de Guypape ; Perezius sur le *code*, liv. 7, tit. 45, n.° 33 ; Maynard, liv. 3, chap. 93 ; M. de Juin, *Journal du palais*, tom. 6, pag. 4 et 5.

Ce principe, que les jugemens interlocutoires ne lient pas, a été consacré par plusieurs décisions du parlement, notamment par deux arrêts remarquables. Le premier fut rendu en grand'chambre, le 13 septembre 1725, au rapport de M. de Lombrail, en faveur des consuls de Carcassonne contre le chapitre de la même ville. Le chapitre prétendait une visite de la part des consuls. Il avait été admis à la preuve de la possession. La preuve, bien complète, ayant été rapportée, il semblait qu'il n'y avait plus qu'à condamner les consuls; mais ceux-ci ayant traité de nouveau la question de savoir si la possession en pareille matière formait un titre suffisant, ou si cela ne devait pas être regardé comme pure civilité, qui ne devait pas dégénérer en obligation, le chapitre fut débouté par l'arrêt, malgré la preuve de sa possession.

Le deuxième arrêt fut rendu, le 7 août 1775, au rapport de M. de Saint-Félix, en faveur du sieur comte Dufaur, baron de Bérat, seigneur de Capens et Saint-Hippolyte, contre le curé de St.-Hippolyte. L'arrêt maintint le seigneur en la possession d'un droit honorifique, quoiqu'un précédent arrêt interlocutoire, du 23 août 1774, eût fait dépendre cette demande de la possession immémoriale; dont le seigneur avait été chargé de faire la preuve, et qu'il n'eût pas rempli l'interlocutoire.

Ce principe est si vrai, qu'après un interlocutoire ordonné, et des preuves faites en conséquence, on peut être reçu à articuler des faits nouveaux, lorsqu'ils sont décisifs, pourvu qu'ils ne soient pas semblables ou contraires à ceux dont la preuve a été ordonnée. C'est ce qu'enseigne Guypape, *quest.* 14 *in fin.*, *quest.* 585, et Ranchin, *ibid.* Et c'est ce qui fut jugé par les arrêts que rapportent Papon, liv. 9, tit. 11, art. 1 et 4, et Basset, tom. 1, liv. 2, tit. 15, chap. 2.

Tel est aussi le motif de cette décision de Ranchin,

v.° *Probatio*, art. 16, que celui qui a offert, et fait, en conséquence, ordonner la preuve de différens faits, n'est pas tenu de les prouver tous; en sorte que, nonobstant le défaut de preuve, l'interlocutoire doit être vidé en sa faveur, si ce qu'il a prouvé établit suffisamment la justice de sa demande: *actor, quamvis plura proponat in suo libello et plura capitula, non tamen gravatur ad probanda omnia quæ in libello proposita sunt; sed sufficit probare ea quæ sufficient ad victoriam obtinendam.*

Entr'autres arrêts qui se sont conformés à ce principe, je rappelerai celui rendu le 1.er septembre 1764, à la grand'chambre, au rapport de M. de Coudougnan, en faveur de la dame de Fajole, épouse du sieur de Lauro, lieutenant-principal honoraire du sénéchal de Rodez, contre le sieur Pierre Pradier. Dans l'espèce, la dame de Lauro n'avait prouvé qu'une partie des faits mentionnés dans l'arrêt, et dont elle avait elle-même offert la preuve.

Cela est fondé sur ce que l'arrêt interlocutoire, lorsque la preuve a été ordonnée sur la demande de la partie, ne saurait être considéré comme un préjugé: ce n'est qu'un moyen de défense, que l'arrêt a permis à la partie de justifier; mais, en adoptant cette voie, on ne peut pas dire, ni que le juge se soit astreint à ne prononcer que relativement au succès de la preuve, ni que les parties aient entendu renoncer entièrement, par là, aux nouvelles raisons de fait et de droit que de nouvelles lumières pourraient leur suggérer, et qui pourraient être décisives en leur faveur.

Cela est encore fondé sur la disposition textuelle

de la loi 8, *cod. de except. rei jud.*, portant que, *nemo prohibetur pluribus exceptionibus uti, quamvis diversæ sint;* et sur cette règle de la plus exacte équité, que le juge ne doit négliger aucun des moyens qui peuvent le conduire à la connaissance de la vérité.

Il y a encore, en cette matière, un point de jurisprudence certain; c'est que les interlocutoires acquiescés, lorsqu'on a la liberté d'en appeler, lient les juges et les parties; et, dès-lors, il n'est plus question que d'examiner *probatum sit nec ne?*

Mais il semble qu'on doit distinguer, sur ce point, les interlocutoires émanés d'un juge inférieur d'avec ceux qui procèdent d'un juge souverain.

La raison pour laquelle ceux-ci ne lient point, à la différence des premiers, c'est parce que les parties étant nécessairement soumises à leur exécution, on ne peut pas leur opposer qu'elles se sont fait la loi en les exécutant : c'est pour elles un jeu de force; on ne peut donc pas dire qu'il y ait acquiescement de leur part.

Lorsqu'au contraire l'interlocutoire procède d'un juge inférieur, les parties ont la faculté de faire réformer, par la voie de l'appel, le tort qu'elles peuvent prétendre leur avoir été fait par le jugement interlocutoire. Si, au lieu de prendre cette voie, les parties exécutent le jugement, elles l'approuvent; et cette approbation fournit une fin de non-recevoir contre toute réclamation qui tendrait à renverser ensuite ce même jugement.

Plusieurs arrêts ont autorisé cette distinction. En voici un rendu le 30 avril 1776, à la première des enquêtes, au rapport de M. de Lalo, intervenu dans un procès dans lequel j'avais écrit (Voy. *suprà*, v.° *Arbres*).

La dame Costes possédait dans la juridiction de Bouloc une pièce herme, dans laquelle étaient excrus plusieurs chênes, qui n'étaient séparés d'une vigne appartenant à la dame Prax que par un fossé de trois pans et demi de largeur. Celle-ci prétendit que ces arbres causaient du dommage à sa vigne, comme en étant trop près : elle fit assigner la dame Costes, pour se voir condamner à les couper.

Le juge de Bouloc rendit, le 26 novembre 1772, un appointement, portant que, par experts, il serait procédé à la vérification des lieux, lesquels experts seraient tenus d'indiquer dans leur rapport la distance qu'il y avait des chênes au fonds appartenant à la dame Prax.

A la suite de cet interlocutoire, il fut dressé une relation, qui prouvait que ces chênes n'étaient point à la distance requise. Néanmoins, le même juge rendit, le 11 janvier 1775, sentence, par laquelle il chargea la dame Prax de prouver quelle était la coutume des lieux touchant la distance à laquelle on plante ou on laisse croître les arbres aux extrémités des possessions respectives.

La dame Prax appela de cette sentence au sénéchal. Elle y soutint que l'appointement du 26 novembre 1772 ayant été respectivement acquiescé, le premier juge ne pouvait plus s'occuper, d'après le rapport des experts, que du point de savoir si les arbres contentieux étaient ou n'étaient pas à la distance requise ; qu'il n'était plus au pouvoir du juge de s'écarter de ce préjugé, parce que toutes les parties, en l'exécutant, l'avaient muni du sceau de leur approbation, et rendu irréfragable.

Sur ce, le sénéchal rendit, le 19 mai 1775, sentence, qui réforma celle du premier juge, du 11 janvier précédent, et qui, vidant l'interlocutoire de l'appointement du 26 novembre 1772, vu ce qui résultait de la relation des experts, condamna la dame Costes à faire couper les arbres contentieux.

La dame Costes appela de cette sentence au parlement. Elle prétendit que son acquiescement à l'appointement du 26 novembre 1772 ne pouvait pas lui nuire; elle disait que les tribunaux jugeaient constamment qu'on n'observait point en France les dispositions de la loi dernière, ff *fin. reg.;* que ce serait porter atteinte à cette jurisprudence, si l'on jugeait la question d'après l'interlocutoire; qu'un acquiescement en pareille matière ne devait pas produire l'effet d'astreindre le juge à s'écarter de la loi ou de la jurisprudence.

Mais la dame Prax se contenta de lui répondre: *legem tibi dixisti;* vous vous êtes fait la loi, en procédant à l'exécution de l'appointement interlocutoire: les experts ont rapporté que les chênes n'étaient point à la distance requise; c'est là tout ce que le premier juge devait savoir pour ordonner qu'ils seraient coupés: le sénéchal a donc bien jugé, en réformant la seconde sentence du juge de Bouloc; et c'est le cas de vous démettre de votre appel.

Arrêt qui démet la dame Costes de son appel.

Lors de cet arrêt, les juges convinrent unanimement qu'en procédant à l'exécution d'un interlocutoire ordonné par un juge inférieur, les parties contractaient en jugement ; de telle sorte qu'il ne dépendait plus d'elles de revenir sur leurs pas, tout comme il ne dépendait plus du juge de prononcer sur le différent autrement que pour décider si la preuve ordonnée était rapportée, ou si elle ne l'était point, *probatum sit nec ne?*

ANNOTATIONS.

En général, les juges ne peuvent, ni modifier, ni réformer le jugement qu'ils ont prononcé. Après le jugement, la mission du juge est finie : *judex posteaquàm semel sententiam dixit, posteà judex esse desinit. Et hoc jure utimur, ut judex, qui semel, vel pluris, vel minoris condemnavit, ampliùs corrigere sententiam suam non possit ; semel enim, malè, seu benè, officio functus est.* Leg. 55, ff *de re judicatâ.* Et, en effet, le juge n'est chargé de prononcer que sur une contestation : dès qu'elle est terminée par son jugement, il ne lui reste plus aucune fonction à remplir, par rapport à cette contestation considérée en particulier.

Cette règle reçoit-elle application à un jugement interlocutoire?

Et, d'abord, qu'est-ce qu'un jugement interlocutoire?

Les auteurs du *Journal du palais*, tom. 2, pag. 210, *nouv. édit.*, répondent : « c'est un acte que les juges ont le droit de » faire d'office, ou dont ils peuvent s'abstenir, lors même qu'il » est provoqué ; en un mot, c'est un acte d'instruction, et non » un jugement définitif : or, la même conscience qui a pu leur » faire regarder comme nécessaire cette instruction ou opération » préparatoire doit les porter à la négliger, ou à la laisser » sans effet, s'ils trouvent ailleurs des documens décisifs pour » la cause. Aussi est-ce une maxime constante, que *les jugemens* » *interlocutoires ne lient pas les juges* ».

« Et, à cet égard, il ne s'élève qu'une seule difficulté : de ce » que les juges sont libres de s'en tenir au jugement interlocutoire » qu'ils ont rendu, ou de le négliger, quand ils trouvent autre- » ment à s'édifier sur la cause, en faut-il conclure qu'ils puissent, » par une disposition *expresse*, le révoquer ou le modifier, soit » d'office,

» d'office, soit sur la demande de l'une ou de l'autre des parties?
» Les lois romaines donnaient aux juges cette faculté, et la plupart
» des interprètes, et aujourd'hui M. Merlin, *Répert.*, v.° *Jugement*,
» § 3, et M. Toullier, tom. 10, n.° 115, enseignent la même
» doctrine, qui est faiblement contredite par M. le professeur
» Poncet, dans son excellent *Traité des jugemens*, tom. 1, pag.
» 102 ». Voy., encore, les arrêts de la cour de cassation, des 11 nivôse an 10, *Journal du palais*, tom. 2, pag. 210; et 17 janvier 1810, *même Recueil*, tom. 11, pag. 54. Un arrêt postérieur de la cour de cassation, du 14 juillet 1818, *même Recueil*, tom. 20, pag. 530, a jugé qu'une cour royale n'était pas liée par un jugement interlocutoire rendu en première instance, auquel il a été acquiescé par toutes les parties.

MM. Merlin, *loc. cit.*, et *Quest. de droit*, v.° *Préparatoire (Jugement)*, et Toullier, n.° 117, font remarquer que la maxime que *les jugemens interlocutoires ne lient pas les juges* n'est pas applicable aux jugemens qui, par la force de la loi, décident tellement le fond, que le juge n'a plus rien à examiner en définitive, et que son ministère se réduit à déclarer la conséquence que la loi en fait sortir : *non desunt tamen*, dit Voët, *ad Pandectas*, lib. 42, tit. 1, n.° 4, *interlocutoriæ sententiæ quæ vim definitivæ habent, dùm irreparabile damnum infert earum executio, vel definitiva ex juris necessitate ad eas sequi debet.* Ainsi, le jugement par lequel le serment est déféré d'office à une partie ne peut plus être changé par le juge qui l'a rendu, parce qu'une fois le serment prêté, la condamnation de la partie adverse en devient une suite nécessaire : *veluti*, dit encore Voët, *si judex deferat actori vel reo jusjurandum, tanquàm in causâ dubiâ, ut secundùm eum qui juravit, judicetur.*

Il nous reste à énoncer une autre question, celle de savoir si, lors de l'appel du jugement définitif, on peut appeler aussi du jugement interlocutoire, encore qu'on l'ait spontanément exécuté. Les nombreuses autorités que nous avons recueillies dans notre *Mémorial de jurisprudence*, tom. 16, pag. 305, attestent qu'il n'est point de question plus controversée que celle-là, et sur laquelle les arrêts soient plus contradictoires : les uns décident que l'exécution d'un interlocutoire n'empêche point d'en appeler en même temps que du jugement définitif, parce qu'aux termes de l'art. 451 du cod. de proc. civ. l'appel de l'interlocutoire avant la décision du fond n'est que facultatif, et que, dès lors, la partie à la faculté d'appeler de suite du jugement interlocutoire, ou d'attendre, pour attaquer ce jugement, que celui du fond ait été rendu ; d'autres arrêts, au contraire, jugent, en thèse générale, qu'on n'est plus recevable à faire appel d'un interlocutoire, quand on l'a spontanément exécuté, et n'admettent d'exception à cette règle que pour le cas où l'exécution a été précédée ou accompagnée de protestations et de réserves.

La question divise encore les jurisconsultes. MM. Lepage, Demiau-Crouzilhac et Hautefeuille, aux endroits indiqués dans notre Mémorial, enseignent que l'acquiescement à un jugement interlocutoire élève contre l'appel une fin de non-recevoir insurmontable ; mais M. Carré, qui avait, d'abord, embrassé l'opinion contraire dans toute son étendue, admet dans ses *Lois de la procédure civile*, n.° 1629, une distinction qui semble devoir concilier tous les avis :

« Je pose, premièrement, en principe que l'appel de tout jugement interlocutoire, rendu *après contestation entre parties* sur l'utilité ou l'admissibilité de la preuve, ou, en général, de la mesure qu'il ordonne, ne peut être reçue, soit après le délai de trois mois, à partir de la signification, soit après acquiescement formel ou tacite de la partie intéressée à en interjeter appel : la raison en est qu'il y a ici un jugement définitif sur la fin de non-recevoir opposée contre la mesure sollicitée par la partie adverse, et ordonnée par un jugement qui lie irrévocablement le juge, et dont, en conséquence, il faut appeler avant le jugement définitif sur le fond, sous peine d'être déclaré non-recevable ; il en est de même toutes les fois que l'interlocutoire préjugerait la décision définitive, en statuant sur un point de la contestation.

» Mais, poursuit le même commentateur, lorsqu'une preuve ou une mesure quelconque est ordonnée, soit sur la demande d'une partie, et sans contestation de la part de son adversaire ; soit, même, d'office par le tribunal, pour son instruction ; la partie contre laquelle elle préjuge a la faculté d'appeler, soit avant, soit après le jugement définitif, et encore bien que, dans ce dernier cas, l'interlocutoire eût été exécuté, ou que le délai de trois mois, à partir de la signification, fût expiré : la raison en est que, dans cette circonstance, le juge n'est point lié par l'interlocutoire ; la partie n'éprouve pas, dès-lors, un préjudice irréparable en définitive, et l'appel, aux termes, même, de l'art. 451 du code de procédure, doit être purement facultatif.

Article 2.

INTERLOCUTOIRE. — Faits nouveaux.

Après un interlocutoire ordonné, et non encore exécuté, peut-on demander à additionner de nouveaux faits, si d'ailleurs ils n'ont pas été proposés lors du premier arrêt, et s'ils sont pertinens? Oui.

Sic *judicatum* par arrêt du 9 janvier 1748, rendu à l'audience de la grand'chambre, en faveur du syndic des religieuses de Sainte-Claire de Toulouse contre M. le Mazurier, procureur-général au parlement.

Dans l'espèce, il s'agissait de savoir si une muraille qui séparait le couvent des religieuses de la maison de M. le Mazurier avait besoin d'être rebâtie : ce dernier en avait fait démolir une partie malgré l'opposition des religieuses. Par un arrêt du 10 juillet 1747, avant dire droit sur le tout, il avait été ordonné une vérification par experts sur certains faits. Le syndic des religieuses donna, ensuite, requête en jugement, pour demander qu'il fût enjoint aux experts de rapporter plusieurs autres faits, et qu'ils procéderaient en présence d'un commissaire de la cour : l'arrêt, du 9 janvier 1748, ordonna que les experts rapporteraient l'étendue de la démolition en hauteur et largeur, ainsi que l'indication des parties du monastère où cette démolition avait été faite, et déclara n'y avoir lieu, quant à présent, d'ordonner la vérification des autres faits; quant à la descente du commissaire, il y eut partage.

INTERPRÉTATION. — Voyez *Contrat pignoratif*.

INTERROGATOIRE sur Faits et Articles.

La même partie peut-elle demander sur les mêmes faits plus d'un interrogatoire ? Non.

Sic *judicatum* par arrêt rendu, le 18 février 1775, à l'audience des enquêtes, plaidans, M.e Roussi pour la veuve Biscons, opposante envers une ordonnance du mois d'août précédent, en permission de la faire ouïr catégoriquement sur certains faits et articles, et M.e Jamme pour le sieur N...., qui avait poursuivi cette ordonnance : la cour reçut l'opposition, et condamna la partie de Jamme aux dépens. Le moyen d'opposition était pris de ce que la veuve Biscons avait déja rendu une réponse catégorique sur les mêmes faits, à la requête de la même partie. La réponse catégorique n'était pas rapportée; mais la veuve Biscons remettait la copie de la requête et de l'ordonnance, avec l'assignation qui lui avait été donnée, et un certificat du juge qui avait reçu la réponse catégorique, attendu que l'original de cette réponse avait été remis à la partie de Jamme, suivant l'usage de la juridiction.

ANNOTATIONS.

Selon Rodier sur l'art. 1 du tit. 10 de l'ordonnance de 1667, « on peut, dans le même procès, demander plusieurs interrogatoires à la même partie, non sur les mêmes faits; mais pour expliquer les faits du premier, ou sur de nouveaux faits : cela se pratique ainsi, et l'ordonnance n'y met pas obstacle, parce qu'elle ne dit pas qu'on ne pourra se faire interroger qu'une seule fois ».

« Nous ne saurions trouver, dit M. Carré, dans son analyse, *quest.* 1106.e, aucune raison de décider autrement sous l'empire du code; et telle est aussi l'opinion qu'émettent les auteurs du

Praticien français, tom. 2, pag. 279, et M. Demiau-Crouzilhac, pag. 245 ».

INTERVENTION. — Créancier.

Un créancier a-t-il, à ce titre, qualité pour intervenir dans une instance que son débiteur soutient contre un tiers, à moins qu'il ne prouve qu'il existe un concert frauduleux entre ce tiers et ledit débiteur? Non.

Les créanciers sont-ils valablement représentés en justice par leur débiteur? Oui.

1. 4 février 1775, à l'audience des enquêtes, plaidant M.e Viguier pour le sieur Senil, et M.e Mascart pour le sieur Pradines de Ciron, arrêt dans cette espèce.

Le sieur Pradines demandait d'être reçu partie intervenante dans une instance pendante depuis 1738, entre les sieurs Senil et Maleville, à suite d'un arrêt, rendu en 1726, qui avait déclaré, en faveur des auteurs de Senil, une substitution ouverte. Ce dernier se trouvait débiteur de 24,000 fr. envers le sieur Pradines, qui avait obtenu contre lui différens jugemens de condamnation. On prétendait que Senil n'avait d'autres biens que ceux qui dépendaient du succès du procès contre le sieur Maleville; qu'ainsi, les créanciers avaient un intérêt bien pressant à intervenir dans l'instance, pour veiller à la défense de Senil, et pour empêcher qu'il ne colludât à leur préjudice.

M.e Viguier soutenait, au contraire, que l'intervention devait être rejetée, parce qu'on ne devait point surcharger les procès de parties inutiles; que les questions qui faisaient l'objet de la contestation des sieurs Senil et Maleville ne pouvaient être jugées qu'entre les parties qui avaient un intérêt réel à leur solution ; que toutes les actions résidaient sur la tête de Senil, et que c'était, par conséquent, lui seul qui pouvait former les demandes qui s'y rattachaient, et défendre aux prétentions de Maleville ; que si les créanciers voulaient absolument intervenir dans l'instance, ils n'avaient d'autre moyen que celui de la saisie générale des biens de Senil ; et que, s'ils usaient de ce moyen, ils pouvaient exercer les actions de leur débiteur, et faire juger le procès, parce que, dans le cas de la saisie générale, l'exercice de toutes les actions du discuté passait de droit sur la tête du créancier ; mais que s'ils n'employaient pas cette voie, ils n'avaient aucun droit d'intervenir dans une instance particulière : ce furent là les motifs d'après lesquels la partie de M.e Mascart fut déboutée, à l'unanimité, de sa requête en intervention, avec dépens.

2. Le même incident s'étant représenté avec le sieur Jean Dufaur, marchand garnisseur de Toulouse, et le sieur Jean Davayac, boulanger, tous les deux créanciers de Senil, la requête en intervention fut également rejetée, avec dépens, par arrêt du 6 mai 1775.

ANNOTATIONS.

L'équité serait blessée si un jugement pouvait nuire à celui qui n'a pas été partie dans l'instance, et qui, par conséquent, n'a pu y défendre ses intérêts ; de là, la tierce-opposition établie par l'art. 474 du cod. de proc. civ. ; de là, aussi, le droit d'agir par cette voie contre un jugement où l'on n'a pas été, et où l'on aurait dû être appelé. Mais de ce droit que la loi accorde à celui dont les intérêts ont été lésés à son insçu, il ne s'ensuit pas que l'on puisse être recevable à attaquer par la tierce-opposition un jugement où l'on a été appelé, soit en sa personne, ou par l'intermédiaire d'un représentant légitime, agissant régulièrement, soit en la personne des individus qu'on *représente* (même article).

L'art. 2 du tit. 35 de l'ordonnance de 1667, qui doit servir de commentaire à la disposition de la loi nouvelle, n'ouvre la voie de la tierce-opposition qu'à ceux qui n'ont point été parties dans le jugement qu'on leur oppose, et qui ne sont, ni héritiers, ni successeurs, ni *ayans-cause* de ceux avec lesquels ce jugement a été rendu.

Or, un créancier doit-il, relativement à l'exception de la chose jugée, être considéré comme l'ayant-cause de son débiteur?

Jousse, dans son *Commentaire* sur les mots *Ayans-Cause*, employés dans l'art. 1.er, tit. 35, de l'ordonnance, s'exprime ainsi : AYANS-CAUSE, dit-il, *comme sont les créanciers qui exercent les droits de leur débiteur*. Telle est, aussi, l'opinion de M. Merlin, en son *Répert. de jurispr.*, v.o *Opposition (Tierce-)*, § 2, art. 2, et en ses *Quest. de droit*, *même mot*, § 1; de M. Carré, dans son *Analyse*, quest. 1557, et de Pigeau, dans sa *Procédure civile*, tom. 1, pag. 773, 4.e édit.

L'art. 26 du tit. 35 de l'ordonnance décide, de la manière la plus générale et la plus positive, que celui qui tire son droit d'une personne contre laquelle il a été rendu, en dernier ressort, un jugement définitif qu'on lui oppose dans le cours d'une instance, ne peut pas faire retracter ce jugement, sans prendre la voie de la requête civile, même devant le tribunal qui la rendu. « Si les » arrêts ou jugemens en dernier ressort, produits ou communi- » qués, sont définitifs, et rendus entre les mêmes parties, *ou avec* » *ceux dont ils ont* DROIT *ou cause*, soit contradictoirement, *ou par* » *défaut, ou forclusion*, les parties se pourvoiront, en cas de » requête civile, par-devant les juges qui les auront donnés, » sans que les cours ou juges par-devant lesquels ils seront pro- » duits ou communiqués en puissent prendre aucune juridiction, » ni connaissance ».

Rien de plus décisif, dit M. Merlin, que ces mots, *avec ceux dont ils auront* DROIT *ou cause*; ils tranchent absolument toute difficulté.

La jurisprudence des arrêts est conforme. Un arrêt du parlement de Paris, du 22 février 1701, rapporté au *Journal des audiences* dans l'ordre de sa date, a jugé que les créanciers de celui avec lequel des arrêts ont été *rendus ne peuvent s'y opposer, non plus qu'*AUCUN AYANT-CAUSE *du débiteur :* ce sont les termes de l'arrêtiste. La dame d'Harcourt, en faveur de laquelle il fut ainsi jugé, invoquait, comme maxime constante, que ce qui est fait avec le débiteur, et les arrêts rendus avec lui, doivent être exécutés contre ses créanciers, *qui*, disait-elle, *sont compris sous le nom* d'AYANS-CAUSE; *auquel cas, suivant l'art.* 1.er *de l'ordonnance de* 1667, *on ne pouvait rétracter les arrêts que par requête civile.* Suivant l'arrêtiste, M. l'avocat-général Joly de Fleury remarquait à cet égard, « que la maxime était vraie, et que les créanciers d'un débiteur ne pouvaient attaquer un arrêt que par les » mêmes voies que leur débiteur pourrait le faire; que leur opposition n'était pas recevable.... ».

Brillon, v.° *Opposition*, n.° 1, cite également un arrêt du grand-conseil, de l'année 1704, qui jugea « que les créanciers, » ayant les mêmes droits que leur débiteur, ne peuvent venir par » opposition contre un arrêt rendu contradictoirement avec lui, » et qu'il faut alors prendre la voie de la requête civile ».

M. Merlin, *Répert. de jurispr.*, *loc. cit.*, rapporte un arrêt conforme de la cour de cassation, du 15 février 1808; un arrêt semblable de la même cour, du 11 juin 1822, et rapporté au *Journal du palais*, tom. 1 de 1823, pag. 459. Voy., aussi, l'arrêt de la cour de Montpellier, du 9 juin 1823, *même Recueil*, tom. 2 de 1825, pag. 458.

Les rédacteurs de la *Gazette des tribunaux* ont recueilli dans leur N.° du 20 avril 1831 un arrêt de rejet de la cour de cassation, du 22 mars 1831, qui a jugé que la femme n'était point recevable à former tierce-opposition aux condamnations intervenues contre son mari, qui, dans sa défense, avait fait valoir, tant dans son intérêt personnel, que dans celui de sa femme, en sa qualité de maître des droits et actions de celle-ci, tous les moyens propres à repousser les demandes intentées contre lui. Le pourvoi, disent les rédacteurs de la Gazette, tendait à présenter l'arrêt attaqué comme ayant jugé, en principe, que, pour être reçu à former tierce-opposition, il ne suffisait pas d'avoir intérêt à contester des condamnations auxquelles on n'avait pas été appelé; mais, encore, qu'il fallait *avoir dû être appelé*. Il est vrai que cette doctrine avait été, d'abord, adoptée par la chambre civile et par la chambre des requêtes; mais elle a été abandonnée, et il a été jugé par plusieurs arrêts postérieurs, qu'il suffisait qu'on éprouvât un préjudice par une condamnation à laquelle on n'avait pas été appelé, pour avoir le droit d'y former tierce-opposition. Il est bien certain que l'arrêt attaqué avait énoncé le principe contraire dans un de ses considérans; mais ce n'était pas par ce seul motif que la tierce-opposition avait été déclarée non-recevable: la principale raison sur laquelle le dispositif se trouvait appuyé était que, dans l'espèce, la dame Boissel avait été représentée par son mari dans la défense commune qu'il avait opposée aux réclamations de sa première femme. *Vid.* arrêt de la cour de Bruxelles, du 30 prairial an 13, M. Sirey, 7-2-75.

Toutefois, la question devient plus délicate, lorsqu'il s'agit d'un créancier *hypothécaire*. La difficulté provient des dispositions de quelques lois romaines qui semblent avoir établi des principes en sens inverse: ces lois sont la loi 11, § 10, ff *de excep. rei judicatæ;* la loi 63, ff *de re judicatâ;* la loi 3, ff *de pignor. et hypoth.;* enfin, la loi 5, cod. *hoc titulo.* M. Merlin, *Répert., loc. cit.,* § 2, art. 3, et *Quest. de droit,* établit une distinction pour parvenir à la solution de la question; il rapporte un arrêt de la cour de cassation, rendu, sur ses conclusions, le 12 fructidor an 9, qui jugea que le créancier hypothécaire ne pouvait point attaquer par tierce-opposition un jugement rendu contradictoirement avec son débiteur; et cela, d'après la disposition générale des art. 1 et 26 du tit. 35 de l'ordon. de 1667, sur lesquels est calqué l'art. 474 du cod. de proc. civ.

Toutefois, ces principes ne peuvent recevoir d'application dans le cas de collusion prouvée entre le débiteur et la partie qui a obtenu gain de cause. Arrêts des cours de Nîmes, du 14 avril 1814, *Journal du palais*, tom. 13, pag. 355, et de Riom, du 20 juin 1821, *même Recueil*, tom. 1 de 1823, pag. 291; MM. Pigeau, Carré, *loc. dict.*, et *Lois de la procédure civile*, tom. 2, pag. 249.

Mais si les créanciers ne sont que les ayans-cause de leur débiteur, et sont, à ce titre, représentés par lui en jugement, il faut reconnaître que de même qu'ils ne peuvent former tierce-opposition à un jugement, ou à un arrêt dans lequel ce débiteur a été partie, ils n'ont point qualité, non plus, pour intervenir dans une instance que ce dernier soutient contre un tiers, à moins qu'ils ne prouvent qu'il existe un concert frauduleux entre ce tiers et ledit débiteur. Un arrêt de la cour royale de Bordeaux, rapporté dans le *Courrier des Tribunaux*, du 27 octobre 1830, l'a ainsi jugé; voici les motifs textuels de cet arrêt : « attendu qu'en » règle générale, posée par l'art. 1166 du code civil, les créan- » ciers peuvent exercer tous les droits et actions de leur débiteur ; » mais que cet article, sainement entendu, suppose le cas où le » débiteur n'exerce pas lui-même ses droits, ou les exerce avec » négligence, et peut donner lieu, par sa conduite, à des soup- » çons de fraude et de mauvaise foi ; car, autrement, il en résul- » terait que tous les créanciers, quelques nombreux qu'ils fussent, » pourraient intervenir dans toutes les affaires indistinctement, » soit que les débiteurs les soutinssent avec loyauté et bonne foi, » soit qu'ils ne les défendissent qu'avec négligence et collusion ; » ce qui donnerait lieu à des abus trop graves pour que la loi ait » eu l'intention de les protéger : attendu que le sieur Bordes a » bien prétendu que les intimés se défendaient avec négligence » devant le premier juge, et qu'il avait à craindre qu'il n'existât » quelque concert frauduleux entr'eux, dans l'objet de préjudicier » à ses droits ; mais que ce ne sont là que de simples allégations, » qui ne sont nullement justifiées, et que, sous ce rapport, le » tribunal de première instance a bien jugé, en défendant d'ad- » mettre son intervention ; mais qu'il aurait dû ajouter qu'il ne » rejetait cette intervention que quant à présent, attendu que » si Bordes parvenait, par la suite, à se procurer la preuve de la » négligence et de la fraude qu'il a alléguées pour motiver sa » demande en intervention, il y aurait une injustice extrême à » le repousser par l'autorité de la chose jugée, et que, dans ce » cas, sa demande en intervention devrait être accueillie. La cour, » émendant, déclare le sieur Bordes non-recevable, quant à pré- » sent seulement, dans sa demande en intervention ».

Nous avons inséré dans notre *Mémorial de jurisprudence*, tom. 20, pag. 241, un arrêt de la cour royale de Nîmes, du 20 novembre 1829, qui paraît avoir adopté l'opinion contraire. Voy., aussi, celui de la même cour, du 14 avril 1814, déjà cité ; l'arrêt de la cour royale de Paris, du 27 mars 1824, *Journal du palais*, tom. 2 de 1824, pag. 377.

FIN DU TOME PREMIER.

www.ingramcontent.com/pod-product-compliance
Ingram Content Group UK Ltd.
Pitfield, Milton Keynes, MK11 3LW, UK
UKHW012228240726
13966UKWH00003B/1016